新型コロナウイルスと労働政策の未来

濱口　桂一郎

独立行政法人 労働政策研究・研修機構
The Japan Institute for Labour Policy and Training

はしがき

　2020 年度は何層もの新たな労働政策の門出として出発するはずでした。2018 年 6 月に成立した働き方改革推進法により、既に大企業には 2019 年 4 月から施行されていた長時間労働の規制が、2020 年 4 月から中小零細企業にも適用されました。同法のもう一つの柱である非正規労働者に対する同一労働同一賃金も、大企業と派遣事業については 2020 年 4 月から施行されました。2017 年 5 月に成立した民法（債権法）改正の施行日も 2020 年 4 月であり、これによる消滅時効の改正に合わせて、2020 年 3 月末に駆け込みで成立した労働基準法第 115 条の改正（本則 5 年、附則で当分の間 3 年）も、同年 4 月から施行されています。さらに、2019 年 5 月の労働施策総合推進法等の改正により、いわゆるパワーハラスメントに対する事業主の措置義務が、2020 年 6 月から施行され、セクシュアルハラスメント等他のハラスメントへの規制も強化されました。

　このように、労働政策上の大きなエポックになるはずであった 2020 年度は、しかしながら、2020 年初めから世界的に急速に蔓延しパンデミックとなった新型コロナウイルス感染症への緊急対策が続々と打ち出される中で始まることとなりました。雇用調整助成金の要件緩和や適用拡大、新たな休業支援金の制定、アルバイト学生へのセーフティネットの構築、さらには学校休校によってクローズアップされたフリーランスへのセーフティネットの問題や、一斉に拡大したテレワークがもたらした様々な課題など、いくつもの労働政策課題が一気に噴出したのです。

　労働政策研究・研修機構は今回のコロナ禍が始まった当初から、樋口美雄理事長の指揮の下「新型コロナウイルス感染症が雇用・労働面に及ぼす影響を調査分析するプロジェクトチーム」を立ち上げ、企業調査・個人調査等を繰り返し行うとともに、国内外の実態や政策動向を広く調査研究しています。そしてそれを電子・活字メディアを通じて情報提供するとともに、リモート配信も含めた講演会・フォーラムを通じて発信しています。

　本ブックレットは、その一環として 2020 年 8 月 20 日に開催された東京労働大学特別講座「新型コロナウイルスと労働政策の未来」の内容を、関連する背景資料と併せて一冊にまとめ、刊行するものです。新型コロナウイルス感染症の蔓延に伴って急速に取り上げられ、進められた各分野のさまざまな労働政策が、いずれもかなり古い歴史的経緯を有していることを示し、それらを踏まえた上でそ

の政策的意義を考えるべきものであることを伝えようとするものでした。時間的制約から議論がやや突っ込み不足になっている箇所も少なくありませんが、本文でごく簡単に触れた資料を巻末にまとまった形で収録してありますので、それらを照らし合わせながら読んでいただければ幸いです。

　2020年12月現在、日本でも諸外国でも新型コロナウイルス感染者数は再び増加しつつあり、コロナ禍は依然として現在進行形の事態です。本書で分析した労働諸政策の今後についても、なお見通しは明らかではありません。そうした中で、読者の皆様が労働政策の未来を考える上で本書がなにがしかのお役に立てるならば、これに過ぎる喜びはありません。

濱口　桂一郎

目　次

0　2020年という年

　コロナ禍の中を、わざわざリアルな東京労働大学講座特別講座にいらしていただき、ありがとうございます。そして今、WEBでも配信しておりますけれども、これを遠隔で御覧いただいている皆様にも、有用な2時間となるよう努めたいと思います。

　さて、実を言いますと、今頃こんな話をすることになるとは思っておりませんでした。皆さんもそうだと思います。今年、2020年という年は、本来いろいろな意味で、新たな労働政策の門出の年になるはずでありました。昨年度から始まった長時間労働規制が今年の4月から中小企業にも拡大されましたし、同一労働同一賃金と言われる、非正規に対する均等・均衡待遇も、大企業と派遣会社については今年の4月から適用されております。また、民法改正に伴って賃金の消滅時効が3年になるというのも今年の4月からでした。ちょっと遅れて6月からは、いわゆるパワハラの措置義務も施行されています。本来なら今頃は、こういう中身の講座があちこちでいっぱい開かれているはずだったのですが、あに図らんや、皆様御承知のとおり、今年の1月から世界中に新型コロナウイルスが大変蔓延いたしまして、労働関係でも様々な緊急対策が続々と行われております。

　それらについての解説というのは、既にいろいろなところで行われておりますが、それらをただ平板に並べて表層的に説明するということではなく、それらの中にこれからの労働政策の未来というものが幾つもかいま見えるのではないかと思いますので、そこのところを、今日は2時間という短い時間ではございますが、皆様にお話をしていきたいと思っております。

　お話は大体4つの柱からなります。1つ目は雇用維持にかかわる政策です。今回のコロナ禍の中で、雇用維持のための雇用調整助成金が大きく注目を浴びましたし、新たな直接給付もできましたので、その経緯をお話していきます。2つ目は非正規の話、3つ目はフリーランスの話、そして4つ目はテレワークの話です。本当はその一つ一つが1回分、2時間かけてお話ししても足りないぐらいなのですが、本日はこの2時間の中に4つの話を全部詰め込んでお話をします。若干早口で、かつ突っ込み不足になるところもあるかもしれませんが、そこは最後の質疑のところで補わせていただければと思っています。

I

雇用調整助成金と
新たな休業支援金

1 雇用調整助成金への注目

まずは雇用調整助成金ですが、今回のコロナ禍で多くの事業で労働者が休業を余儀なくされました。そして、そういった休業労働者の賃金補填のための雇用調整助成金に改めて注目が集まりました。そしてその中で、要件緩和とか、対象の拡大というものが続々と行われました。実を言いますと、このような制度は日本だけではなくて、アメリカを除くヨーロッパ諸国でもフル稼働しております。ただ、ヨーロッパ諸国と比べると、日本では、特に初動の時期、3月、4月といった頃ですが、雇用調整助成金の申請や支給の手続きが大変もたつきました。そこから雇用調整助成金のような、企業を介するものではなく、休業労働者に直接給付すべきではないかという声が上がってきたわけですね。それで、後でお話しをする新たな休業支援金というのが誕生したわけです。ただ、この制度には幾つか問題がありますので、そこも突っ込んでお話をします。

2 雇用調整助成金以前

今回の直接給付は新しい話ではありますが、歴史をさかのぼると実に根が深い話でもあります。それも大変古い話です。どれくらい古いかというと、終戦直後にさかのぼるくらい古い話です。そこまでさかのぼってこの問題を論じている人間は多分私以外にいないと思います。まだまだ雇用調整助成金もなければ雇用保険もない時代です。正確に言うと、雇用保険の前身の失業保険の時代、失業保険ができて間もない時代です。その頃に、休業している労働者を失業保険の枠組みでどう救うかという課題に直面したのです。

最初は 1952 年です。これはまだ占領が終わるか終わらないかぐらいの、朝鮮戦争の頃です。日本は戦前から紡績が主力産業だったのですけど、それがだんだん衰えていきます。そういう中で、通商産業省がいわゆる 4 割操短勧告により、操業短縮を各企業に対して求めました。それを受けて、綿紡績の各社が操業短縮と、それから、それに伴う一時解雇というのをやったのがこの時期です。これに対して、当時の労働省の職業安定局が、一定期間後の再雇用を条件とする一時解雇というものを、一時離職ということで、失業保険を支給するという扱いをしたのが、こうした政策の最も早い例です。これは、昭和 27 年 4 月 23 日職発第281 号という通達で行われました【資料 1】。

その2年後の1954年、これがもう少し拡大した形で行われました。当時は金融引締めの下で、いろいろな業種で企業整備が行われました。これに対しても、昭和29年7月16日職発第409号という通達により、一時離職に失業保険を支給することとしました。今回は若干制度が整備され、支給要件として労働協約をちゃんと締結し、一時帰休実施計画というのをきちんと作成するということが明記されています。それを条件に、一般的に失業保険の支給を容認するということにしたわけです【資料2】。

しかしながら、これはあくまでも法律改正ではなく通達であります。しかも理論的に言うと、一定期間後に再雇用することを予約しているわけですから、そもそも失業保険の原則から言うと給付するのはおかしいんですね。そんなものに失業保険を出していいということを認めたら、企業はいくらでも、一時離職だといって、うちは払えないから、おまえハローワークでもらってこい、半年後にはまた給料払うから、みたいな話になるんじゃないかという問題がありました。『職業安定広報』という、当時の労働省が出していた広報誌でも、担当者がこの制度を説明している文章の中に、ほんとはこれ、おかしいんだけどなというのがにじみ出るような、そんな解説がありました【資料3】。

以上はいわゆる経済的な休業ですが、それに対して、自然災害、特に激甚災害が起こったときの対策が、やはり同じ時期に行われています。ただしこれは通達ではなく、立法です。その第1号は1953年の議員立法です。大変長い題名ですけれども、「昭和二十八年六月及び七月の大水害による被害地域における事業所に雇用されている労働者に対する失業保険法の適用の特例に関する法律」という法律が制定されました。これは大水害で甚大な被害を受け、事業を停止して、働く場が水害で駄目になってしまったために、そこで働いていた休業者を失業者とみなして失業保険を支給するというものです。【資料4】。

その6年後の1959年、これはちょうど伊勢湾台風があった年ですが、「昭和三十四年七月及び八月の水害並びに同年八月及び九月の風水害に関する失業保険特例法」という法律が制定されています。こちらは議員立法ではなくて閣法、政府が出した法案ですが、中身は大体似たようなものです。もっとも、議員立法のときに比べると、若干制度化が進んでおりまして、事業主が休業証明書というのを提出し、それに対して職安所長が休業の確認を行って、休業票を交付することで休業を失業とみなすという形がとられました。これらは法律の明文でみなしているわけですから、法律上の疑義はないわけです【資料5】。

以上の2つの法律はいずれも時限立法だったわけですが、これが一般的な法律

になったのが 1963 年です。同年の失業保険法改正により、激甚災害に対処するための特別の財政援助等に関する法律（激甚災害法）という法律の第 25 条に、激甚災害による休業を失業とみなして失業保険を支給するという制度が一般的に設けられました。これがいわゆる「みなし失業制度」と言われるものです。これは今日までずっと存続しておりまして、2011 年の東日本大震災等累次の災害で活用されてきております【資料6】。

3　雇用調整助成金の誕生と展開

先ほどの経済的な休業を失業とみなして失業保険を給付するというのは、どうも何か寝覚めが悪いということもあったのかもしれません。それで、休業を失業としてではなく休業自体に給付をするのが雇用調整助成金ということになるのですが、その前に、雇用助成金の歴史を見ておきましょう。1960 年代の日本は高度経済成長期であったわけですが、実は日本型雇用システムに対して大変否定的な時代でもありました。最近よく使われる言葉でいえば、いわゆる「ジョブ型」を志向していた時代であります。たとえば、1966 年に雇用対策法という法律ができています。これは今、労働施策の総合的な推進並びに労働者の雇用の安定及び職業生活の充実等に関する法律という長ったらしい題名になっていますが、今でもこの労働政策総合推進法には、半世紀以上昔に作られたある助成金の名前がでんと載っています。その名前は職業転換給付金でありまして、まさに雇用維持ではなく、労働移動支援型の助成金です。これが半世紀以上昔からずっと存在し続けています【資料7】。

ところが、これが 1970 年代半ば、石油ショックの中で大きく転換します。1974 年に失業保険法が雇用保険法に改正される際に、これとは逆の雇用維持型の助成金が設けられたのです。これは、最初は雇用調整助成金ではなく雇用調整給付金という名前でありました【資料8】。この制度の導入をインスパイアしたのは西ドイツの操業短縮手当でした。これは今でもドイツにはその名前で存在していますし、ほかのヨーロッパ諸国にも似たような制度があります。

もっとも、1974 年改正で設けられた時の雇用調整給付金の対象は、景気変動あるいは国際経済事情の急激な変化など、短期的な労働事情の収縮に対する一時的な雇用維持策に限られていました。ですから、実はヨーロッパ諸国の雇用維持型の制度とそれほど変わりはなかったのです。ところがその後、1977 年の雇用保険法改正で、一時的な景気変動だけではなく、中長期的な産業構造の変化によ

る事業転換に対する教育訓練にもこの対象が拡大されていきます【資料9】。

　ここで、日本の雇用維持政策とヨーロッパの雇用維持政策が分岐したのです。ヨーロッパはずっと短期的な景気変動に対するものだったのですが、日本はそれだけではなくて、長期的な産業構造転換に対しても雇用調整助成金を使って、企業内で新たな産業に向けて職種転換をして対応していくのだと、そういう方向に突っ走っていったのです。これはやはりこの時期、日本型雇用システムに対する肯定的な風潮が非常に高まっていたということがあるのだろうと思います【資料10】。

　1970年代半ばから1990年代半ばまでの20年間は、そういう政策思想で雇用政策が運営されていたのですが、1990年代半ばになると、今度はまた失業なき労働移動だとか、雇用維持型から労働移動支援型へというようなことが謳われるようになります。こういったスローガンは最近も謳われていますが、実は二十数年前にも謳われていたのです。これが法改正に結実したのが2001年の雇用対策法改正です。これにより、これからは雇用調整助成金よりも、労働移動支援助成金にお金をいっぱいつぎ込むんだぞということを言うようになりました。これも実は二十年前の話です【資料11】。

　この改正以降は、雇用調整助成金というのは、平時はあまり使われない制度になりました。特別な危機のときにどっと出るという仕組みです。それが一番フルに使われたのが、御承知のとおり、2008年のリーマンショックのときです。まさに雇用調整助成金が颯爽と復活をしまして、2009年度、2010年度には、70万件を超える実績を記録しました。その後、徐々にリーマンショックの影響が小さくなっていき、2013年に第2次安倍内閣になると、今度はまたも「日本再興戦略」で、再び、行き過ぎた雇用維持型から労働移動支援型への転換が謳われるようになりました【資料12】。

4　コロナ禍の中の雇用調整助成金

　歴史は何回も繰り返されるものですが、今回もまた、3度目の外的ショックとしてコロナ禍がやってきました。これに応じて、雇用調整助成金が再復活したわけです。当然のことながら、まさにこういうときに活用するものだということで、さまざまな要件緩和や、助成率の引上げなどがされました。この辺は皆様も既に御承知のとおりだろうと思います。助成率に至っては、特に中小企業については、解雇を行わなければ10分の10、休業手当分を全額出すというところまでいきました。これは空前絶後、絶後かどうか分かりませんが、少なくとも今までに例の

ない、それほどの助成率にしたわけです【資料13】。

　さらに、これは後の非正規のところでも触れますが、雇用保険被保険者ではない労働者の休業であっても、雇用調整助成金の対象にするという、かなり思い切った対策も講じています。この部分は後の2番目の柱のところで突っ込んで考えたいと思います。

　さて、さっきお話ししたように、こういう一時的な経済危機に対して、雇用維持型の対策を取るというのはヨーロッパ諸国でも共通に見られます。ドイツ、フランス等はいうまでもなく、イギリスも、今まではなかったのですが、今回、史上初めて雇用維持スキームというのを導入しました。これら諸国は、いずれもコロナウイルスが拡大したのは日本よりも後なんですね。日本は2月からだんだん広まりつつあったのですが、ヨーロッパは3月から急激に広まった。そして、それに対処するために急遽雇用維持型の制度を適用しました。

5　もたつく支給と批判

　ところがこれらヨーロッパ諸国では、雇用維持型の助成金の対象者が物すごい数で増えていったのです。5月初め段階で言うと、フランスで1,100万人、ドイツ1,000万人、イタリア800万人、イギリスも600万人と、すごい数です。同じ頃日本はどうだったというと、日本では対象者が何人というデータは厚生労働省が公表していないのですが、同じ5月初め段階で、申請が5,000件、支給決定500件という状況でした。これに対して、マスコミや政治家から大きな批判がされました。なぜこんなに遅いのか。申請書類の記載事項がやたら多いし、添付資料もいっぱい多くて、申請に至るまで、膨大な時間とコストがかかるではないかと。

　もっとも、これには理由があります。かつて石油ショックやリーマンショックのときに、主として打撃を受けたのは、主として大規模で外需型の製造業やその関連産業でした。そういう企業では人事部もしっかりしていますから、助成金を申請する場合でも、自社の人事部でいろんな手続書類を用意できます。それが難しくても、日ごろお付き合いのある社労士さんにお願いすればなんとかなります。ところが今回は、特に初期に一番打撃を受けたのは、飲食店とか対人サービス業の中小零細企業です。まともな人事部なんてないような企業ですし、社労士との付き合いもあんまりないところが多い。経営者自ら、慣れない助成金の申請作業をやらなければならず、これが大変だということで、マスコミなどでも叩かれることになったわけです。

　もう一つの理由として、リーマンショックの時に多額の雇用調整助成金が支給されたことは前述しましたが、その後その受給企業において、かなりの数の不正受給が指摘されました。そこで、その厳格な運用のために手続が煩雑化されていたということもあります。とはいえ、これだけいろいろ批判されたということで、厚生労働省も5月以降、この申請書の記載事項を半減する、あるいは添付書類も削減するということで、大幅に簡素化をいたしました【資料14】。

　その結果、雇用調整助成金の現在までの支給実績を見ると、今朝確認した8月18日の数字では、申請が84万件、支給決定は73万件、金額は約9,000億円になっています【資料15】。5月ごろには、お金が出てこない、何やってるんだ、さっさと出せと言っていたのが、気がついたら、お金が出すぎて大変。お金がなくなる、という騒ぎになっています。御承知のとおり、雇用調整助成金の財源は雇用保険2事業です。これは事業主だけが負担している保険料ですが、それがもう、このまま行くと積立金が尽きてしまい、どこからか持ってこなければならないという状況です。しかも9月までの特例措置を先に延ばすという話が今政治的に動いています。しかし先ほど申し上げたように、ほんの2,3か月前、5月初めの段階では、政府は何やってるんだ、制度があってもお金が全然出てこないじゃないかという批判が集中していたのです。

6　新たな休業支援金の提起

　その中で、それなら雇用調整助成金という、企業を経由する形ではなく、もっと迅速な給付、直接労働者に公的な休業給付をすべきではないかという声が盛り上がってきました。その代表が日弁連です。日弁連は、1950年代に前身があり、1963年の改正で入った激甚災害法第25条にならって、離職していなくても失業給付をやるべきだと主張しました。同じような主張は、生存のためのコロナ対策ネットワークからも提起されました【資料16】。

7　新たな休業支援金の制定

　これに対して、安倍総理や加藤厚生労働大臣も一時積極的だったようですが、ただ、今回のコロナ禍はやはり激甚災害法でいう激甚災害ではないわけです。別に職場が壊れたわけでも何でもないわけで、コロナ禍で緊急事態宣言等を受けて休業したというのは、かつて通商産業省の操短勧告を受けて休業したのと同様、

一種の経済的な休業です。そういう意味では、かつてまさにそういう場合に、通達で、いささか法の趣旨に反するような扱いをやっていたのを、正々堂々とやるために雇用調整助成金を作ったのだと考えると、それをまた失業給付で出すというのは、なかなかこれは難しいところがあります。こういったことを、厚生労働省の中でいろいろと考えたのだと思いますが、結果的に、新たな直接給付の仕組みを設けるという判断に至ったということです。それがこの「新型コロナウイルス感染症等の影響に対応するための雇用保険法の臨時特例等に関する法律」です。これも大変長ったらしい題名の法律です。これが5月末に、労働政策審議会に諮問答申し、6月中旬にはもう国会で法律が成立して、7月からは支給申請を受け付けています【資料17】。

　法律の中身は、被保険者用の新型コロナウイルス感染症対策休業支援金、そして非被保険者、つまり雇用保険に入っていない方用の特別の給付金という2本立てになっています。これは、事業主が、休業させたら休業手当を払わなければならないのですが、その休業させられている期間の全部、または一部について、賃金の支払いを受けることができなかった被保険者に支給されると、こうなっています。

8　新たな休業支援金の問題点

　ところが一方で、世の中には労働基準法という法律がありまして、その第26条では、使用者の責に帰すべき事由による休業の場合は、休業期間中平均賃金の60%を支払う義務があります【資料18】。これが休業手当ですね。今回のコロナ禍による休業が、どこまでが使用者の責に帰すべき事由なのかどうか、これは大変判断の難しいところで、実は労側弁護士と経営側弁護士が火花を散らしている論争点でもあります。ですから、ここでその中身に入るつもりはありませんが、ただ、少なくとも使用者の責に帰すべき休業も、新たな休業支援金の対象になっていることは間違いありません。もちろん全部が全部そうとは言えませんが、少なくともその一部がそうであることは間違いないのです。ということは、少なくともその部分については、使用者に支払い義務があるのに支払わないために、賃金の支払いを受けることができなかったということですから、使用者の法違反状態を前提とした給付設計になっているわけです。

　さらに考えると、こういう法律ができました、休業支援金が出ますということで、労働者が休業支援金を受給したからといって、使用者の休業手当支払義務が

消滅するかといえば、それはそうではないのですね。ないのですが、例えば、では、労働基準監督官が臨検監督に行って、休業支援金を受給した労働者に休業手当を支払えと是正勧告できるかというと、これもなかなか難しい。もちろん、法律からいけば是正勧告すべきなんですけど、それでいいのかというと、それも何か変な話だということです。

　法律上の権利義務関係からすると、当然のことながら、使用者は未履行の休業手当を支払うべきです。しかし、そうすると労働者は国と使用者から二重に休業補償を受けることになります。しかも休業支援金の仕組みはもう動き出していますが、支給要件確認書なるものを見ると、事業主に休業手当の不支給、つまり、私はちゃんと、この労働者に休業手当払っていませんということを確認させているんですね。確認させているということは、行政が休業手当の不払いを公認しているということです。むしろ、休業支援金を受給させながら休業手当を支払えば、これは不正受給として３倍返しだという注意書きまであります。倍返しじゃなくて３倍返しなんです。これはなかなか大変です。使用者は休業手当を払わなければならない。労働基準法上は払わなければならないのですが、一方で３倍返しという制裁でもって、払ってはならないと命じられているという、いわば究極のダブルバインドに入るわけです。

　ということで、一応厚生労働省のホームページを見ると、この給付金のページの一番下の方に、まずは雇用調整助成金の御活用を御検討くださいと書かれています。せっかく法律まで制定して作った制度なのですから、できるだけ活用してほしい制度であるはずなんですが、一方でできるだけ使ってほしくない制度でもあるという、政府としてもアンビバレントな制度になってしまっているようです。

　とはいえ、こちらも既に、７月から申請の受付が始まっておりまして、これも今朝確認したら、８月18日付で、申請が約９万件、支給決定も約４万件に達しているそうです【資料19】。やはりかなりの数に上がってきているということです。ということで、雇用調整助成金と直接給付の話はこれぐらいにしておきます。

II

非正規雇用への
保護拡大

1　まだ残っていた非正規格差

2つ目の柱は非正規雇用への保護拡大です。これは様々な分野にまたがる話です。ご承知の様に、今年の4月に大企業と派遣会社について施行された、同一労働同一賃金の話もその一環ですが、正規雇用と非正規雇用の格差是正というのは、ここのところずっと長きにわたって、労働政策の大きな課題となってきました。しかし、この問題は労働政策だけではなくて、さまざまなセーフティネットにおいてもこの問題が大きくクローズアップされて、政策が展開されてきています。

特に、リーマンショックのときには、非正規雇用の方々に、雇用保険がそもそも適用されていないのは問題ではないかという議論がありました。これを受けて、2010年に雇用保険法が改正され、2011年には求職者支援法が制定されて、非正規雇用の労働市場のセーフティネットというのは格段に充実したはずでした。ところが、そこにはまだ結構穴が空いていたということが、今回のコロナ禍でいろいろと露呈をしてきたのです。そこで、それ以外の分野のセーフティネットも改めて見直しの必要が出てきています。

2　非正規雇用の歴史を振り返る

ただ、その前に改めて、非正規雇用問題の歴史を振り返っておきたいと思います。非正規雇用の歴史も戦前に遡ります。戦前の1930年代、そして戦争を挟んで戦後の1950年代にかけて、臨時工というのが大きな社会問題でありました。当時の臨時工というのは、主として成人男子が中心でした。そのため、彼らの雇用が不安定であることや、その処遇が低いということが社会問題になっていたのです【資料20】。臨時工以外でも、社外工とか日雇労働者といった不安定な労働者層があり、主として成人男子が中心なので、やはり大きな社会問題となっていました。

ところが、高度経済成長期になると、人手不足を補うために、それまでの臨時工が続々と本工化していきました。その跡を埋めたのは、主として家庭の主婦層からなるパートタイマーでした。そしてその後、学生アルバイトも増えていきます。こういう、基本的に家計補助的で会社に帰属しないタイプの非正規労働者が増えてきました。そうすると彼らは、基本的に雇用が不安定だとか、あるいは処遇が低いとかいうことに対して、本人もあまり問題にしないし、社会的にも問題にならなくなりました。

　この時期に急速に広まった「パート」という言葉が差し示すものは、短時間労働者という意味でのパートタイムワーカーではなく、正社員ではない「パート」という、1つの身分であったと言えるでしょう。その証拠に、フルタイムパートという、大変奇妙な言葉が普通に使われていたのです。これを英語で言うと、フルタイムのパートタイムワーカーという全く矛盾する概念になるのです。現実の日本社会の用語法では、このフルタイムパートのフルタイムというのは時間の概念ですが、パートというのはパートタイムという意味じゃなくて、「パート」という身分概念なのです。

　コロナ禍やリーマンショックに匹敵する外的なショックとしては、1970年代半ばの石油ショックがありますが、このときには、そういう家計補助的なパートというのが当たり前だった時代なのですね。なので、雇用調整給付金が作られた石油ショックのときには、成人男子の正社員の雇用は雇用調整給付金で守るけれども、一方、主婦パートはむしろクッション役として雇止めするというのが当たり前でしたし、当時は誰もそれを疑問視することはありませんでした。

　主婦パートと同じように、会社に帰属しないタイプの労働力として、学生アルバイトというのも、この頃から次第に増えてきました。彼らは、どちらかというと家計補助というよりは、生活費ではなくてレジャー等の、いわば小遣い稼ぎだと思われてきました。

　また、結婚退職後のOLを中心に派遣労働というのも拡大して、1985年の派遣法で公認されます。実のところ、派遣労働者は、パートやアルバイトに比べると、処遇はそれほど低くなかったのですが、ただやはりクッション役として、雇用が不安定であることは当然視されていました。

　さらに、この当時いろいろなことが同時並行で進んでいくんですが、正社員の定年退職後の受け皿として、処遇をぐっと引き下げて再雇用する「嘱託」というのも増大してきました。この減った分を補うための高年齢者雇用継続給付などという制度も作られたりします。

　あるいは、こういった非正規雇用形態に比べると、やや専門職的なニュアンスの非正規雇用として、「契約社員」というものも増大してきます。これもまたいかにも変な言葉です。契約社員じゃなかったら契約はないのかというと、働く人はみんな労働契約のはずなのです。しかも、契約社員というのは当初は専門職的なニュアンスが強かったのですが、やはり次第に、専門性が薄れていきます。一方で、パートのほうも、当初の主婦の腰かけ的イメージから次第に基幹的な仕事を担うようになっていき、いわゆるパートの基幹化が進んでいきます。そうする

と、基幹化したパートと専門職でなくなった契約社員は一体何が違うのか、よく分からない。こういうことになってきました。

3　近年の非正規雇用対策

そして、これはもうちょっと後のバブル経済の中で、学生時代アルバイトをやっていた者が、卒業後も正社員として就職せずに、そのままアルバイトを続けるというようなあり方が、当時は格好いいと言われて、リクルート社などがもてはやす形で増えていきました。これは当時、「フリーター」と言われていました。ところが、このフリーター、バブル経済華やかなりし頃は非常にもてはやされていたんですけれども、1990 年代半ば以降の就職氷河期になると、正社員就職の口がぐっと狭まった中で、正社員就職できなかった若者が、フリーターと言われる非正規雇用クラスターの中にどんどん流入してきました。

その後 2000 年代に景気が徐々に回復しても、やはり企業は新卒一括採用に何ら変わりはなく、とにかく何もできなくても新卒がいい。就職もしないで年を重ねた奴は嫌だというスタンスです。彼らは当時年長フリーターと呼ばれました。まだ十分若かったはずなんですが、ほんの数年前に学校を卒業して、フリーターをやっているというだけで、なかなか企業は彼らを採用してくれないということで、結果的に取り残されてしまいました。

これがいわゆる氷河期世代ということになります。今日に至るまで、延々と20 年近く、いまだに氷河期世代対策をやっているわけです。最初にこの氷河期世代対策が取り上げられたのは、第 1 次安倍内閣の時なのです。2007 年頃です。この頃「再チャレンジ」というスローガンが政策の柱として掲げられました。

この方向の政策が少しずつ積み重なっていって、2012 年の改正労働契約法で有期雇用労働者の均衡処遇が入りました。その後 2014 年には改正パート法、そして 2018 年の働き方改革推進法により、いわゆる「同一労働同一賃金」が打ち出されるに至りました。これが今年の 4 月から、大企業と派遣会社に、そして来年 4 月からは中小企業にも適用されるということになっています。この辺はもう、皆様よく御存じでしょうし、今日のメインのお話ではありません。今日主として取り上げたいのは、こうして展開してきた非正規労働者の保護という政策課題が、雇用の安定や労働条件の処遇の問題に限らず、セーフティネットの問題にも関わってくるということです。

4　非正規の労働市場セーフティネット

　まずセーフティネットの中でも、労働市場のセーフティネットについては、既に10年前のリーマンショックの時に一定の対応がされています。しかし、これも昔に遡っていくと様々な様相が見えてきます。

　現在は雇用保険法という名前ですが、かつては失業保険法でした。作られたのは占領下の1947年です。実は、この法律ができたときは、非正規雇用は適用対象から排除されてはいませんでした。では排除されたのはいつかというと、ほとんど知られていません。私もリーマンショックのときに昔の通達をいろいろ調べて、なるほどそうだったのかと思ったのですが、1950年に出された職業安定局長名の「臨時内職的に雇用される者に対する失業保険法の適用に関する件」（昭和25年1月17日職発第49号）という通達です【資料21】。この中で、こういうことを言っています。「臨時内職的に雇用される者、例へば家庭の婦女子……」。70年前の通達では婦女子と言うんですね。最近もまた「腐女子」という言葉がはやっているようですが、ちょっと字が違うみたいですけども。

　「……家庭の婦女子、アルバイト学生等であって、その者の受ける賃金を以て家計費或は学費の主たる部分を賄わない者」は「労働者と認めがたく……」。

　ここは、労働法研究者としては突っ込むところでしょう。法律案にこんなことを書いて、内閣法制局に持っていったら徹底的に叩かれて、勉強してこいと言われるところですが、局長通達なので、法制局審査はありません。係長レベルが起案して、局長の判子をもらったら出せるので、「労働者と認めがたく」という文言がそのまま通ってしまっています。とはいえ、言いたいことはその次に書かれています。

　「又失業者となるおそれがない」ので。そういうことなのです。つまり家庭の婦女子やアルバイト学生は、馘になっても失業者にならないということなのです。家計補助的なので、夫や親に扶養されているのだから、失業保険の被保険者としないという趣旨であったわけです。

　これはその後の累次の業務取扱要領でだんだん拡充されていきます。細かい経緯は省略しますが、リーマンショックの直前の段階では、パートタイマーと派遣労働者については、フルタイムには要求されない1年以上の雇用見込みというのが求められておりました。これは事実上、法律に基づかない、適用除外なんですが、少なくともそれまでは、社会問題視されていなかったんですね【資料22】。

ところが、先ほど言いましたように、1990年代から2000年代にかけて、氷河期世代の若者が大量に非正規化しました。いわゆるフリーターです。2000年代には年長フリーターと言われた人々です。彼らは家計補助的ではなく、自らの生計を非正規雇用で維持している人たちでした。ところが、そこに2008年のリーマンショックがどっと襲来してきました。そうすると、彼らに雇用保険のセーフティネットが及んでいないということが露呈してしまいました。そこで、途中経過は省略しますが、2010年の雇用保険法改正で、適用要件が法律上に明記されるに至りました。これにより初めて、週20時間以上、そして1か月以上の雇用見込みがあれば適用するというふうになりました。これにより、労働時間の極めて短い人や、雇用期間が極めて短期の人だけを除き、基本的には正規、非正規を問わず、雇用保険の適用対象になるということになったのです【資料23】。

　ただ、実はこの段階では、つまり10年前の法改正においては、なお昼間課程のアルバイト学生は適用範囲から除外されていました。これは今でもそうなのです。なぜかというと、恐らく10年前の段階では、主婦パートやフリーターは、もはや家計補助的ではなく、職場でも基幹労働力化しているし、家計維持的になっているとみなされたのでしょう。しかし、学生アルバイト、とりわけ昼間課程の学生アルバイトは、昼間は学生をやっている人が、それ以外の時間、つまり夜間や休日にアルバイトをしているのは、それはやはり家計補助的であり、いわばお小遣い稼ぎであろう、という考え方だったのだろうと思われます。

　なおまた当然のことながら、雇用保険は保険制度ですから、適用があったとしても、受給資格を得るためには、不本意離職であれば6か月、自発的離職であれば1年という被保険者期間が必要なので、これを満たさなければ不支給ということになります。これは保険制度なので、どこかで線引きせざるを得ないわけですが、結果的に不安定雇用であればあるほど支給されないということになります。

　そのために翌年、2011年には職業訓練の受講を条件として、無拠出で月10万円を給付する求職者支援法という法律が制定をされました。これも今日までずっと続いています。このように、労働市場のセーフティネットにおいては他分野に先行して、非正規に対する適用拡大が行われたのですが、それ以外の社会保険、健康保険や厚生年金においては、話がもっと複雑です。

5　社会保険の非正規格差

　健康保険法や厚生年金保険法においては、もともと極めて短期な被用者、ある

いは日雇労働者は適用除外していたのですが、短時間労働者は適用していたのです。その証拠に、1956年に出された通達（昭和31年7月10日保文発第5114号）では、4時間勤務で2か月契約のパートは適用するとはっきり言っています【資料24】。ところが、これがかなり後に、1980年の課長内翰で、内翰というのは通達の一種ではあるのですが、内々のお手紙という意味なのですね。その課長のお手紙によって、労働時間が通常の労働者の4分の3未満は適用せずというのを出してしまったのです【資料25】。これは恐らく発出当時の、1970年代から1980年代という時期の感覚として、主婦パートというのは、夫の健康保険の被扶養者のはずなのだから、それを、ちょっと働いているからといって、わざわざ保険料を取るのは本人も嫌がるだろうと、そういう感覚があったのだろうと思います。

その後、1985年の年金法改正により、専業主婦とパート主婦が第3号被保険者という制度に入って、保険料を払わなくても基礎年金を受給できることになったので、ますます、わざわざ独立した被保険者にする必要性がないというふうになっていったのでしょう。この問題は、21世紀になってからも、何回も繰り返し、どうすべきかという議論がされています。2004年改正のときにも膨大な議論がされた挙げ句、附則に、5年後に検討するという規定だけ入りました。

2007年には、これは先ほど言った、第1次安倍内閣のときの再チャレンジ政策の一環として、社会保険の適用範囲を一定程度拡大する法案を国会に提出したのですが、このときは廃案になっています。次に2012年には、これは民主党政権のときですが、特に流通関係の企業からのものすごいロビイングもあったようですが、最終的に、週20時間以上、賃金月額8万8,000円以上、雇用期間1年以上、そして学生は適用除外、それらにプラスして、従業員500人超であればパートにも拡大することとなりました。この企業規模要件というのは、流通・サービス業のロビイングでそうなったと言われています。

基本的にはこの枠組みが続いてきているのですが、2016年に小規模な改正がありまして、従業員500人以下でも、労使協定を結べば適用できるとされました。しかし労使協定を結べば適用してもよいというのは変な話ですね。普通、労使協定というのは、三六協定が典型的ですが、本来許されないことを労働者側が認めているんだからといってできるようにするもののはずですが、こちらでは本来のあるべき姿に近づくために労使協定を結ばなければならないということになっていて、筋が違うような気もしますが、そういう改正がされています。

そして今年、コロナ禍のさなかで国会審議が行われ、厚生年金保険法と健康保険法の適用要件が改正されています。これにより、500人超という要件については、

再来年、2022年10月に100人超、そしてさらにその2年後、2024年10月には50人超になるということで一応決着しました【資料26】。とはいえなお問題は残っています。

6　コロナで露呈した非正規のセーフティネット

このほかにも、今回のコロナ禍で露呈した、いろいろな非正規のセーフティネットの問題があります。先ほどの雇用調整助成金のところでも言いましたが、そもそも雇用調整助成金の対象となるには、雇用保険の被保険者期間6か月というのが必要です。しかし、同じ休業対象なのに、非正規雇用が雇用調整助成金の対象にならないのでは、企業が休業手当を払うことなく解雇を選択する可能性があるではないかということが指摘されて、これはかなり早い段階で、2月末の要件緩和で、被保険者期間6か月という要件を緩和しました【資料27】。

さらに4月の要件緩和で、被保険者でない労働者の休業も対象になりました。こちらは、緊急雇用安定助成金という名前で設けられています。ここで注目しておきたいのは、雇用保険の本体ではまだ昼間学生のアルバイトは適用されていないのですが、雇用維持のための助成金の方では、昼間学生のアルバイトも対象に含まれたということです。つまり、昼間学生のアルバイトは、休業は保護するけれども失業は保護しないという状況になっています【資料28】。ここは、いろいろと議論のあり得るところだろうと思います。

7　アルバイト学生のセーフティネット

アルバイト学生という存在は、リーマンショックのときにはまだそれほど重要な問題でなかったのですが、10年後の今回のコロナ禍においては、アルバイト学生のセーフティネットが、政治的にも大きな問題になりました。

例えば、4月には安倍総理自ら、「厳しい状況にあるアルバイト学生への支援」ということに言及しています。その翌月の5月には、文部科学省が、「学びの継続のための学生支援緊急給付金」を創設しました。これはどういうものかというと、家庭から自立して、アルバイト収入で学費を賄っている学生が、アルバイト収入が50%以上減少した場合に、10万円から20万円、住民税非課税世帯の場合は20万円を、日本学生支援機構を経由して支給するということになっています【資料29】。これは、学生アルバイトの収入減というものを正面から取り上げた

初めての政策といえるでしょう。アルバイト学生のセーフティネットという意味
では、先ほどの雇用調整助成金のところで、被保険者でない労働者の休業も対象
に入ったというのも含まれますが、アルバイト学生という労働者類型を正面から
取り上げた制度は、多分この文部科学省の給付金が初めてでしょう。

　そうすると改めてもとの雇用保険の話にボールが戻ってきます。こちらは現在
でもなお、わざわざ法律で、昼間学生のアルバイトは排除しているのですが、こ
れはやはり、現時点ではまだそういう議論が始まっているわけではないのですが、
やはり議論をする必要はあるのだろうと思います。つまり、パート主婦もアルバ
イト学生も同じように非正規で働いているのに、なぜアルバイト学生だけを排除
するのか、ということですね。かつては、家計補助的なパート主婦は、主婦であっ
て労働者ではないとみんな思っていたけれども、主婦であっても立派な労働者だ
というふうになってきたわけです。ということは、アルバイト学生だって、学生
だから労働者ではないなどというわけはないのです。労働基準法上はれっきとし
た労働者だし、当然のことながら、仕事のさなかに何か事故が起こったら、それ
は労災補償の対象になるわけです。そうすると、それが、仕事がなくなったとき
の収入減をどうするかというのは、やはりこれは正面から議論をする必要がある
と思います。とりわけ、休業しているアルバイト学生には雇用調整助成金が出る
のに、失業してしまうと失業給付が出なくなるというのはバランスを失している
ように思われます。

8　傷病手当金の非正規格差

　非正規雇用に関しては、そのほかにもいくつか細かいように見えて、それなり
に重要な問題があります。たとえば傷病手当金です。え？何それと思うかもしれ
ません。これは健康保険法上の制度で、一言でいえば、公的医療保険の被保険者
が病気や怪我で業務に就けない場合の療養中の金銭給付です。休業3日経過後か
ら1年半、月収の3分の2を支給するというものです。健康保険では必ず出る
のですが、国民健康保険では任意になっています。任意といいましたが、国保組
合と言われる専門職用の制度では、傷病手当金があるのですが、一般的な地域の
国民健康保険では、そんな制度はないのです。

　ところが一方、これまた大変奇妙な話ですけれども、本来、社会保険というのは、
被用者用の制度と非被用者用の制度で分けているということになっています。被
用者が健康保険や厚生年金で、非被用者が国民健康保険や国民年金だということ

になっているのです。ところがご承知の通り、現実はその本来の姿からはるかに乖離しておりまして、現在では、国民健康保険の加入者の4割は被用者です。つまり雇用されている労働者です。フリーランスでも何でもない。ですから、彼らには契約上の使用者がいるのです。健康保険料の半分を折半して負担すべき者がいるのです。

ところが国民健康保険の4割を占める被用者の使用者は、使用者負担をしなくていいという形になっています。この問題がなぜ目立たないかというと、療養給付自体は、昔みたいな健保5割と国保1割といった格差はなくなっており、受けられる給付に差がないので、あまり問題になってこなかったのではないかと思われます。ところが、金銭給付である傷病手当金では、この両者の格差が非常に大きく出てくるのです。つまり、国民健康保険に入っている非正規の被用者は、病休中にお金が出ないのです。

こんな格差があるのに、なぜか今まで傷病手当金というのはあまり注目されてきませんでした。その理由の一つは、年金と違って、健康保険の場合、みんな医療費のところに注目して、そこばかりに議論が集中するので、傷病手当金などというちっぽけな話に注目する人が、特に社会保障の関係ではほとんどいなかったからではないかと思います。いわば、一種の関心のエアポケットに入っていたのでしょう。

ところが、これがやはり、今回のコロナ禍で、そこに問題があることが露呈しました。これは、世間で問題になったというよりは、むしろ厚生労働省の保険局が敏感に問題意識を持ったようです。今年3月というかなり早い段階で、厚生労働省保険局は、国民健康保険の保険者である市町村等に対し、「新型コロナウイルス感染症に感染した被用者に対する傷病手当金の支給」について検討するように要請しています。あくまでも検討の要請なのですが、もしそういうことをやるのであれば、傷病手当金の支給に要した費用は、特別調整交付金により全額財政支援を行いますよという話になっています【資料30】。

本来の法の立てつけからすると、被用者は全て健康保険で傷病手当金の対象になるはずなのです。ところが、先ほど言った1980年の課長内翰で、労働時間4分の3未満の非正規雇用は健康保険、厚生年金から排除されることになってしまいました。その背景には、先ほど来、繰り返しているように、非正規雇用はおおむね被扶養者だという認識があったわけですが、時代の推移とともにそういう考え方は崩れてきています。主婦パートしかり、フリーターしかり、そして今回は学生アルバイトについても、被扶養者だという認識だけではもう扱えないという

ことに、次第になってきているわけです。

　そういった大きな流れの中で、冒頭にお話しをした、今年の4月から大企業と派遣会社で施行された同一労働同一賃金というのもあるのです。ただどうしても、特に労働関係者は、非正規雇用問題というと、労働法関係の話にばかり関心が集中する傾向があります。だから、同一労働同一賃金ということばかりに関心を持つのですが、非正規雇用の格差というのは、もっと広い分野に広がっています。同じ労働政策の中にも雇用保険というセーフティネットをめぐる問題がありますが、それを超えた社会保障分野にも、さまざまな非正規格差という問題があり、さらに教育政策のような今まであまり注目されてなかった領域においても、非正規雇用に関わる問題が次第に出てきているということは、是非念頭に置いていただく必要があると思っています。

Ⅲ

フリーランスへの
保護拡大

1 学校休校とフリーランス問題の表出

　3つ目の柱に入ります。フリーランスの問題です。これも、今回のコロナ禍で急激に注目を集めましたが、実はすでに数年前から、フリーランスの問題は国政上の重要な問題になってきていました。

　今回のコロナ禍では、学校の休校の関係で、フリーランスの問題がどっと出てきたというのが非常に印象的でした。新型コロナウイルスが蔓延したということで、世界的に見ると割と早い２月末の段階で、安倍総理が、全国全ての学校、小学校、中学校、高等学校の臨時休校を要請します。そうすると、学校が休みになってしまうと、子供を抱えて働いている労働者にとっては、学校は一種の託児所なんですね。学校が託児所だというと、神聖な教育を馬鹿にするのかと文部科学省に怒られるかもしれませんが、学童期の子供を抱える労働者にとっては、かなりそういう性格があります。ということは、学校が休校してしまうと、子供の世話と会社の仕事の板挟みになってしまうわけで、何とかしなければなりません。ということで、さっそく厚生労働省雇用環境・均等局は、非常に素早くで小学校休業等対応助成金を設けるということを発表しました。この時は１日あたり 8,330 円でした【資料31】。

　これはなかなかいいことをやるじゃないかと褒められると思ったら、あに図らんや、批判が集中しました。これは何だ。厚生労働省は、雇われて働いている人だけが、子どもを抱えて仕事をしていると思っているのか。フリーランスのことを忘れているのか。フリーランスで働いている親はどうするんだという批判がマスコミを埋め尽くしました。

2 フリーランス問題の経緯

　さて、フリーランスの問題も決して新しいものではありません。むしろ昔からある古い話でもあるのです。どれくらい古いかというと、雇用労働に関わる話よりもさらに古いという面すらあります。雇用契約の外延をめぐる問題というのは大変古くて、実は労働法などという新しい分野ができるよりもっと昔からあります。前近代、中世以来の職人さんというのは、そもそも雇われるような存在ではありませんでした。基本的には作業方法が職人の中に内部化されていましたので、いちいち指揮命令せずに仕事をするというのが一般的でした。そもそも雇用と請負ときれいに分かれているわけでもないのですが、どちらかというと、むしろ請負に近いという

のが一般的だったようです。

　では、雇用とはどういうものかというと、西洋のドラマに出てくるような、執事とか女中とかといった、いわゆる家事労働者が最も典型的な雇用だというのが、200 年ぐらい前までの一般的な姿だったようです。ところが、大体 250 年ぐらい前にイギリスで産業革命が始まりました。そうすると、それまでの職人は、どちらかというとかなり請負に近い形で働いていたのですが、むしろ工業主の指揮命令に従って仕事をするという、従属労働と言われるあり方が一般化してきました。そうすると、そういう従属労働者は弱者だということになって、それゆえに、さまざまな労働法とか社会保障といったものが設けられ、労働者保護がだんだん拡充されてきたのです。

　そうすると、雇用されている労働者は弱者だから保護します。ということは、これを逆に言うと、雇用されていない自営業者は弱者ではない。弱者でないから保護の対象にならない。こういう話になります。基本的に今日まで、ずっとそういう二分法で物事は動いてきているのです。ただ、そうは言っても、昔から、法形式上は自営業者ということになっているけれども、社会経済的な状況は雇用労働者と同じ、あるいはむしろ、それよりも厳しい人々というのはいました。その人たちに対して一定の対策を取るということも、それなりに古い歴史があります。

3　家内労働法と在宅ワーク

　「内職」という言葉にもいろいろな意味があるのですが、いわゆる「内職」と言われる家内労働者というのも、戦前からずっと存在しています。これは、工場でやっている生産工程の一部を各家庭に委託して、非常に低い工賃で加工するという形です。家内労働者の多くは大体家庭の主婦でした。主婦というよりむしろおかみさん方が、家計補助的に内職としてやるというのが非常に多く、これらが経済構造の最底辺をなすと言われていました。

　彼らをどう保護すべきかということは、1950 年代から繰り返し議論され、ヘップサンダル事件といったこともあり、最終的に 1970 年に、これももう半世紀前ですが、1970 年に家内労働法という法律ができています【資料 32】。この法律は、業務ごとに最低工賃というのを設定します。労働者ではないので最低賃金ではなく最低工賃というわけです。あとは委託打切りの予告だとか、工賃支払い義務だとか、安全衛生だとかといったことを規定しています。この法律は今日でも存在し、適用されています。例えばこの作業は 1 回 20 銭とか、そういう最低工賃と

いうのは、いくつかの作業について定められています。ただ、この法律の立てつけの問題なのですが、家内労働の定義が物品の製造・加工に限定されています。そのため、法律ができた 1970 年には、対象となる家内労働者は 181 万人もいたのですが、一番最近の数字でみると、2017 年にはわずか 11 万人に激減しています。

ところが、では家の中で働く人が減ったのかというと、そういうわけではありません。ネットを介した、いわゆる在宅就業は激増しています。ちなみに、家内労働を英語に直すとホームワーク、在宅就業を英語に直すとホームワーク。英語に直すと全部ホームワークなんですけど、日本語に直すとさまざまな言葉になります。ほかにも在宅就労とか、在宅ワークとか、日本語にするといろいろなバリエーションが出てきます。それはともかく、法律上の家内労働ではない在宅就業とか在宅ワークなるものが急速に増えていきました。これは家内労働法の家内労働ではないのだけれども、そうはいっても何らかの措置をしなければならないということで、法律に基づくものではない「在宅ワークガイドライン」なるものを 2000 年に策定し、そして一昨年の 2018 年に「自営型テレワークガイドライン」という形に改定されています。これらはいずれも法的根拠のない行政文書です【資料33】。これが英語でいえばホームワークですが、家内労働あるいは在宅ワークという 1 つの政策分野です。

4 建設業の一人親方

雇用契約の外延の問題というのはさまざまな分野にあるのですが、おそらく人数でいえば、今日でも一番多いのは建設業の一人親方ではないかと思います。あまり世間で注目されませんが、これも非常に重要な問題です。建設業というのは大体、重層請負になっています。上から、元請、下請、孫請、ひ孫請と何重にも重なっています。その一番下のほうになると、もう労働者だか労働者ではないのかよく分からないような一人親方というのがいっぱいいるのです。ところが一方、重層請負の建設業では、元請が、下請、孫請等、下のほうまで含めて労災補償責任を負うということになっています。労災保険法だけではなく、労働基準法そのものの中でそう規定されています【資料34】。これは戦前の労働者災害扶助責任法から来てるのですが、今日までそういう形になっているので、労災保険料は請負金額ベースで算定するのです。

よく建設現場で、労災保険関係成立票という白い板が貼ってありますね。労災保険料は請負金額ベースで算定しているので、この請負金額の中には一人親方の

分も含まれるのです。ところが、いざ労災が発生すると、一人親方は自営業者だからといって保険給付を受けられないんですね。建設業にはもともとこういう矛盾がありました。そこで、もう半世紀以上前ですが、1965 年に労災保険法を改正して、特別加入制度というのを作りました。一人親方たちに任意組合を作らせて、そこを使用者とみなして擬制適用するという形です。一人親方が自分で保険料を払うのですが、これにより、建設現場で一人親方が被災した労災も補償するという仕組みになったわけです【資料 35】。とはいえ、なお時々いろいろな問題が起きています。

あと一番最近の話です。これは皆様、あまり御存じないかもしれませんが、今年の 6 月、コロナ禍の真っ盛りの中で、国土交通省が、「建設業の一人親方問題に関する検討会」なるものを開始しました。いわゆる規制逃れを目的とした一人親方化対策等を検討するということで、これからどういう議論になるかはわかりませんが、国土交通省がこの問題に動き出しているというのは注目すべきだろうと思います【資料 36】。

5 労働者性の判断基準

それから、少し一般的には、労働者性の判断基準という問題があります。先ほど申し上げたように、労働法や社会保障の分野で、労働者保護がだんだん確立してきますと、保護の対象となる労働者に該当するのかしないのかが大きな問題となってきます。おまえはどっちなんだ、私はどっちなんだという問題が出てくるわけです。とりわけ、「あなたは請負だから労働者じゃないんだ」「何言ってるんだ、私は労働者だ」と対立するケースがあちこちで頻発してきます。既にかなり昔からそういう事案は多くあって、裁判に訴えるケースも多く、判決がある程度積み重なっていました。それを踏まえて、今から 35 年前の 1985 年に、当時の労働省の労働基準法研究会が「労働基準法の『労働者』の判断基準について」という報告を出しています。これは研究会報告なんですが、現場の監督官は、この研究会報告に基づいて、個々の事案について労働者性を判断しています【資料 37】。

この労基研報告というのは、基本的に主流派の学説の考え方にのっとっています。重要なのは、使用従属性ということになります。この使用従属性は、さらに大きく分けると、指揮監督下の労働であること、そして労務の対価として賃金が支払われることからなります。この指揮監督下の労働ということをさらにブレークダウンしていくと、諾否の自由があるかとか、具体的な指揮監督があるかとか、

あるいは時間的、空間的な拘束があるかとかいうような基準が書かれています。さらに、そのほかにも事業者性だとか、専属性といったようなことを加えて総合判断するとしています。

　これは労働法学者からなる研究会ですから、学者が集まって議論して、大体こんなものだろうという意味では非常によくできた報告書なんですけれども、現場の労働基準監督官がこの報告書を使って、個々のケースについて労働者であるかそうでないかを振り分けるという観点からすると、必ずしも使い勝手がよろしくない。むしろ、大変使い勝手が悪いという感じがします。労働基準監督官としては、もうちょっと分かりやすく、これに当てはまれば労働者、これに当てはまれば自営業者、というふうに書かれていればありがたいのですが、なかなかそうなっていません。

　実はこの問題は再び表面に登場してきました。最近ずっと、フリーランスの問題というのが大きな課題になっていまして、今年の6月に閣議決定された成長戦略や規制改革推進計画においても、フリーランス全体についてのいろいろな方向性が書かれている中で、労働者性の判断基準について、「わかりやすく周知」するというようなことも書かれています【資料38】。これについても、我々JILPTで現在調査研究をしているところです。

6　雇用類似就業への政策

　先ほど申し上げたように、この問題は非常に古い問題であると同時に、一番新しい問題でもあります。一番古くて一番新しい。何が一番新しいかというと、最近のマスコミでよく言われるように、ICTだ、AIだ、IoTだ、プラットフォームだ、ギグだ、クラウドだと、実に様々な言葉が乱舞していますが、そういういわゆる情報通信技術による第四次産業革命といわれる社会変化の中で、日本でも着実に新たな就業形態、プラットフォームワークとか、ギグワーカーとか、クラウドワークとかいったものが拡大していると言われています。

　欧米や中国では、タクシー型のウーバーという業態が非常に大きな問題になって、あちこちで労働者性をめぐって裁判になったり、規制する法律を作られたりというような議論がされています。日本では運輸事業の規制が厳しくて、タクシー型のウーバーというのは今日までのところ、まだほとんど入っていません。ところが食事配達型のウーバー・イーツという業態、お店で作った食べ物を自転車に乗って配るというタイプのものですが、これが一年前ぐらいから急激に増えて、

特に今回のコロナ禍で大変目立つようになりました。

　この問題は、やはりここ数年間で、日本でも大きく注目をされるようになってきています。1つのエポックは、これはもう3年前になりますが、2017年3月の「働き方改革実行計画」です。この「働き方改革実行計画」は、当然のことながら、同一労働同一賃金とか時間外労働の上限規制といったことが一番注目されていたし、それは当然ではあるのですが、その中に、柔軟な働き方ということで、この後で出てくるテレワークの話とか、兼業・副業の話と並んで、非雇用型テレワークというタイトルで、いわゆる雇用類似の働き方を取り上げて、彼らの法的保護の必要性を中長期的課題として検討するということが書き込まれていました。これが3年前です【資料39】。

　その後、厚生労働省は直ちに、「雇用類似の働き方に関する検討会」というのを開催し、その結果を労政審の労働政策基本部会というところに報告をしました。さらにそれを受けて、これも一昨年になりますが、「雇用類似の働き方論点整理検討会」というのを開催しました。これには、我々JILPTは大変深くかかわっております。これだけではなく、その前の雇用類似の検討会もそうだし、労働政策基本部会もそうだし、論点整理検討会もそうなんですが、雇用類似の働き方の実態がどうなっているかを調べてここに報告したり、諸外国でどのような制度になっているかを調べて報告したりするなど、大変深く関わっているのです。ただこの検討会は、中間整理は出され、その後さらに突っ込んだ議論もされていたのですが、新型コロナが蔓延し出してからはストップという状況になっています。

　ただ、その前の段階で、どういう議論が行われていたかをちょっと紹介しておきます。これは我々JILPTで調べた試算ですが、いわゆる雇用類似就業者というのを、「発注者から仕事の委託を受け、主として個人で役務を提供し、その対償として報酬を得る者」と定義をして、その数がどのくらいあるかというのを試算してみたところ、大体228万人ぐらいになります。そのうち事業者を直接の相手にする者は大体170万人ぐらいです。かつての家内労働が、1970年に181万人いたということからすると、少なくとも、家内労働法を作ったときの家内労働者と同じくらいの規模の雇用類似就業者が今日本にいると言っていいと思われます【資料40】。

　最終報告はまだされていないので、中間整理という段階での話ですが、中間整理では、こういった雇用類似の働き方に対してどういう対応をすべきかということについて、大きく3つの考え方を提示しています。1つ目は、労働者性を拡張するというものです。今でも前述した1985年の労働基準法研究会報告が労働者性

の判断基準になっているわけですが、指揮監督下の労働といったような、使用従属性を中心とした労働者性概念をもう少し拡張したらどうかという考え方がこれです。実は、労働組合法上の労働者性という別の概念があって、こちらは既に拡大されているのですが、そうではなくて、労働基準法や労働契約法といった個別労働関係上の労働者性を拡張すべきではないかというのが一つ目の考え方です。

　2番目は、中間的概念、つまり労働者でもなければ、請負の自営業者とも言えない、その中間的な、準労働者とでもいうべき概念を作って、その人たちに対して何らかの保護を加えていったらどうかという考え方です。そして3つ目が、自営業者のうち一定の保護が必要な人たちに、保護の内容を考慮しながら別途必要な措置を講ずるという考え方です。この3つの方向性があるけども、ここでは、労働者性の拡張や、中間的概念を創設、ではなく、3つ目の自営業者の一定の人たちに保護を、その都度アドホックな形で措置を講ずる方向がいいのではないかということを、この中間整理では言っています【資料41】。

　この中間整理には、具体的な措置として考えられる内容がずらずらと並んでいます。ざっと見ていくと、例えば、「雇用類似の仕事を行う者の募集の際のその条件の明示を促す方策」を考えたらどうか。「委託する際や就業条件を変更する際に、委託者から雇用類似就業者への就業条件の明示を促す方策」を考えたらどうか。あるいは、契約の終了について、一種の解雇みたいなものですが、「委託者に対し事前に予告を求めることや契約の解除や打切りの事由に一定の制限を設けること」を考えたらどうか。「報酬の支払確保について、報酬を一定期日までに支払うことを促す方策」を考えたらどうか。「報酬額について、最低賃金や最低工賃を参考とした最低報酬の設定」することについてどうだろう。これは実は、結構反対論が強いので、「要否」となっています。

　「安全衛生について、雇用類似就業者に対する危害を発生させる可能性のある設備や物品等を譲渡等する場合に危険防止のための措置を定める」といったことを考えたらどうか。そして、「紛争が生じたときの相談窓口」も考えたらどうか。労働者であれば、労働局のあっせんだとか、あるいは裁判所で労働審判みたいなものがあるのですが、もちろん、日本国憲法に基づいて、全ての人は裁判を受ける権利があるので、とにかく裁判所に行って、訴えを提起すれば何でもあるのですが、しかし、いわゆる労働者用の簡易な入り口というのは、自営業者ということになるとないので、そこをどうするかという問題ですね。

　実は諸外国でも雇用類似の働き方の問題は大きな問題になっています。JILPTでは諸外国でどういう政策対応をしているかを調べて、この検討会に報告もして

おります。いわゆるタクシー型のウーバーについても、欧米のいくつかの国では、最高裁判所で、彼らは労働者だという判断が出されたりとか、あるいはそれを受けた一定の法律が作られたりという動きが進んでいるようです【資料42】。

7　小学校休業等対応支援金

　話は戻りますが、フリーランスの話の最初の糸口として、コロナ禍で学校が休みになって、子供を抱えた労働者がどうするかというところから話が始まりました。そこから歴史をぐるりと大回りして、再び現在に戻ってきました。

　安倍総理が学校の休校を宣言したので、厚生労働省雇用環境・均等局は、雇用労働者向けに、「小学校休業等対応助成金」というのを新設することにしました。年次有給休暇とは別に有給の休暇を取得させた事業主への助成金として、1日当たり8,330円支給するというものです。ちなみにこの額は、その後日額1万5,000円に上がっています。

　ところがこれに対して批判が噴出しました。子供を抱えて働いているのはフリーランスも同じではないか。厚生労働省は雇われている人のことしか考えてないのかという批判です。そこで、急遽フリーランス向けに、似たような名前ですが、「小学校休業等対応支援金」というのを作りました。額が半分ぐらいになっています。雇用労働者向けが日額8,330円だったときは日額4,100円、後に雇用労働者向けが日額1万5,000円になったときは7,500円。大体半分くらいですが、これもまた、低過ぎるのがけしからんと、批判の的になりました。むしろ、マスコミ報道だけを見ていると、まるで額が低いのが最大の問題みたいに書かれているのです。しかし、そもそも論からすれば、フリーランスを相手にこういう雇用労働者と同じような制度を作るということ自体が、実は空前絶後、絶後かどうか分かりませんが、少なくとも空前の制度ではあるのです。

　かつて家内労働法という法律を作るのにも20年近くかかっています。それが、こういう形で、急遽雇用労働者向けに新たな制度を作る際に、併せてフリーランス向けの制度も作ってしまうなどというのは、よく考えてみるとすごい話です。おそらくコロナ禍でなかったら、こんな制度はできなかったでしょう。コロナ禍のどさくさの中だったからできたようなものです。支給実績を見ると、8月16日現在で、雇用労働者向けの方は、申請が大体9.2万件、支給決定が6.4万件になっています。フリーランスの方は、申請は2万件で支給決定が1.6万件です。

　ただ、この問題は、フリーランスも対象になってよかったねという話では終わ

りません。この小学校休業等対応支援金というものが、雇用労働者と同じように支給されるフリーランスとはどういうフリーランスなのかというと、支給要件にこう書かれています【資料43】。

　まず「業務委託契約等に基づく業務遂行等に対して報酬が支払われていること」。これは当然ですね、ボランティアでは駄目です。ところが、次の「発注者が存在し、業務従事・業務遂行の態様、業務の場所・日時等について、当該発注者から一定の指定を受けていること」。そして三つ目の「報酬が時間を基礎として計算されるなど、業務遂行に要する時間や業務遂行の結果に個人差が少ないことを前提とした報酬形態となっていること」。これらを漫然と見ていると、ああそうかなと思うかもしれません。ところが、これは実は、先ほど見た、今から35年前の労働基準法研究会の労働者性の判断基準の報告と照らし合わせてみると、これは、特に二つ目と三つ目の要件は、労働者性を認める方向に判断する材料なのです。つまり、業務の場所や日時について指定を受けているということは、時間や空間の制約がある。だからそれがあると労働者として判断する方向に傾くよということです。報酬が、時間制になっている。時間給とか、時間を基礎に計算されているというのも、労働基準法研究会報告では、これは請負だと言っていても、労働者性があると判断する要素だと言っています。

　ということは、この小学校休業等対応支援金というものは、労働者に近い、あるいは、場合によっては労働者だと判断される可能性の高いフリーランスであることを要件として、支給されるという形になっているわけです。これはある意味で、雇用類似就業者への対策が、しかも検討会ではセーフティネットの話は全然出てきていないのに、それが急に飛び出してきて、先行実施されてしまったようなところがあります。恐らく今年コロナ禍がなければ、こんなものはできていなかったと思います。

8　家賃補助の対象拡大

　フリーランスの関係で、あと幾つか種々雑多な話をしておきましょう。まず、家賃補助の話です。家賃補助といっても、経済産業省サイドでは、中小企業やフリーランス向けの家賃支援給付金という、法人は600万円、個人は300万円という、結構大きな額の制度があります。これは、今朝の新聞では、なかなか支給されないという記事が出ていましたけれども、そちらではありません。厚生労働省サイドの家賃補助は、生活困窮者自立支援法という法律に規定されています。

これは福祉サイドの第2のセーフティネットです。第2のセーフティネットというのは2種類あって、1つは労働市場のセーフティネットとして、第1のセーフティネットである雇用保険法に対して、無拠出で訓練受講者に給付をする求職者支援制度が第2のセーフティネットです。もう一つは、第1のセーフティネットである生活保護に対して、この生活困窮者自立支援法というのが第2のセーフティネットになります。

　話が込み入ってきましたが、この生活困窮者自立支援法の中に、「生活困窮者住宅確保給付金」というのがあるのです。これも元をたどると、なかなか複雑です。最初は、これはリーマンショックのときの離職者対策でした。ですから、もともと所管は職業安定局だったのです。職業安定局が始めた制度なのです。そういう意味では、求職者支援法の元になった、訓練を受講したらお金を貸し付けるという話と同時並行で作られた住宅費の貸付制度だったのです。それがだんだん分かれていって、所管も、職業安定局から社会・援護局に移り、住宅手当を支給するという話になりました。とはいえ、もともとはリーマンショックのときの離職者対策なので、やはり求職活動をすることが要件です。

　この住宅手当が、2013年に生活困窮者自立支援法が制定される際に、生活困窮者住宅確保給付金という名前で盛り込まれたわけです。支給期間は3か月から9か月間です。これが既にあったのですが、今年4月の省令改正で、フリーランスについても、離職とか廃業と同程度にある者に支給するということが明示をされました【資料44】。これは、マスコミなどを漫然と見ているだけではあまり目立たないのですが、フリーランスに対するセーフティネットの拡大がこういうところでも出てきているということが分かります。金額的にはもちろん経済産業省の制度の方が大きいし目立つのですが、厚生労働省サイドでもこういう制度があるということは認識しておく必要はあります。

9　持続化給付金と税法上の労働者性

　経済産業省関係の給付金といえば、「持続化給付金」が有名です。これは最近、いろいろと話題になって、委託先が変わるとか変わらないとか騒いでいます。しかし、この給付金はそういう話だけではなく、内容的にも、フリーランス問題という観点からも、興味深いものです。これは基本的に経済産業省サイドで、5月から支給が始まりましたが、雇用調整助成金と違って、ネットでちょこちょこと数値を入力すれば、すぐにお金が振り込まれると、マスコミでも大変褒められて

いました。当初は褒められていて、その後請負先がおかしいとかいって叩かれるという状況になっているようです。

　さてこの持続化給付金とは、売上げが前年比50％以上減少している法人であれば200万円、個人であれば100万円が支給されるという制度ですので、当然フリーランスも対象になります。ただし、ここでいう売上げとは何かというと、税務署への確定申告書で事業収入として計上したものだという要件が付いていました。ところが、これが実際に始まると、フリーランスの人たちから、私たちは税務署の指導で、事業所得ではなく、給与所得や雑所得で申告してきたのに、今度は給与所得や雑所得では対象外だと言われるなんておかしいのではないか、と反発が噴出しました。これは国会でも質疑がなされ、経済産業大臣も何とかしますと答弁して、この6月末からようやく、給与所得や雑所得として申告した者も申請することが可能になったようです。

　これは、持続化給付金としてはそういう話なのですが、もう少し突っ込んで考えると、税法上の、つまり税務署の窓口における労働者概念と、労働行政で言う労働者概念が食い違っているということなのですね。普通に素人の常識で考えれば、給与所得と言えば労働者であるし、事業所得と言えば自営業者だということになるはずです。しかし税務署は、契約上は雇用契約ではなく請負契約になっているフリーランスの人に対して、あなたの所得は給与所得だと指導しているわけです。しかし、日本は各省庁が独立採算制であるので、税務署で給与所得だと認定されても、それが労働法や社会保障における扱いには何ら影響しないのですね。それで、こういう事態が起こるわけです。

　税法上の所得概念をめぐってはもっとすごい話がありました。先日、マスコミで騒ぎになったのが、日本郵便の郵便局員の事件です。郵便局員といえば、少し前までは国家公務員だった人です。郵政が民営化した後は普通の民間労働者です。その彼らに営業手当というのが出ているのですが、その営業手当は事業所得だということになっていたらしく、日本郵便の郵便局員が、事業所得だといって持続化給付金を申請するというので、それはおかしいからやめろと言ったとか言わないとかいう話が、これまたマスコミに取り上げられていますが、これも大変おかしな話です。

　フリーランスが、フリーランスとして稼いだお金を申告したら、税務署から、それは給与所得だ、雑所得だと言われる一方で、れっきとした労働者である日本郵便の郵便局員の営業手当がなぜか事業所得ということになっているのです。日本には営業マンというのはいっぱいいますが、彼らに払われている営業手当は給

与所得ではなく事業所得だという、世にも奇妙奇天烈なことになっているわけです。少なくとも、税務署はそういう解釈でずっとやってきていたのです。コロナ禍のおかげでそういうことになっているということがあからさまになったわけですが、そうでなければそんな変な話になっているなんてことは、今でも知らなかったでしょう。労働者性という問題については、労働法の研究者をはじめとして多くの人が口泡飛ばして議論をしていますが、おそらく誰もこのことを知らなかったでしょう【資料45】。とはいえ、さすが持続化給付金は支給が早いです。8月上旬時点で289万件という状況です。

10　フリーランスに失業給付？

　フリーランス関係の最後の論点として、これはまだ日本では問題になっていませんが、今後議論する必要があるのではないかということに、少し触れておきたいと思います。それは失業給付の問題です。雇用保険法の失業給付について言うと、今残っている問題は先ほど述べた学生アルバイト、昼間学生のアルバイトです。当然のことながらフリーランスは、労働行政からみて労働者性がないような者については、失業給付が出るなどということにはなりえません。

　もちろん、小学校休業への対応という、ごく限られた事態においては、フリーランスにも雇用労働者と似た休業補償が出るという形になったのですが、ではフリーランスに、その本体の失業給付を出す必要はないのでしょうか。そんなことできるわけないではないか、というのが常識的な答えでしょう。労働者であれば、彼を雇っている使用者から「おまえは首だ」と言われたとか、「こんな会社辞めてやる」と言ってきたとか、少なくとも外形的に明確に雇用されているか失業しているかという区別ができるでしょう。ところがフリーランスの場合、仕事をしなくなったからといって、それを失業だと言えるのかという大問題があります。とはいえ一方で、実際には経済的に従属しているフリーランスはいっぱいいるわけで、彼らの場合、今回のコロナ禍で露呈したように、失業や休業のリスクは現実にあるわけです。

　これは実は世界的に注目されている問題でもあります。日本では案外に知られていませんが、EUでは昨年11月、「労働者及び自営業者の社会保障アクセス勧告」というのが採択されて、失業給付を含む社会保障6分野について、自営業者にも適用したらどうかということを要請しています【資料46】。そういう議論は世界的に進みつつあるのです。

お隣の韓国でも今年の５月、文在寅大統領が、全国民雇用保険ということを言いだしています。当面は、一部の個人事業者に拡大を表明するということのようですが、問題意識は共通です。日本ではまだこの方面での動きはないのですが、やはりこのフリーランスの労働市場セーフティネットをどうするかという議論を避けて通ることはできないだろうと思います。

IV

テレワークの時代？

1 在宅勤務の急拡大

　4つ目の柱がテレワークです。これもやはり今回のコロナ禍でいろいろ取り上げられているトピックです。政府が今年2月末に、在宅勤務や時差出勤の推進を打ち出したことを受けて、皆様の会社でもかなり実施されたのではないかと思います。在宅勤務の実施率を見ると、JILPTの調査では、2月の5.3%から、3月19.8%、4月は47.1%と急激に増えたのですが、5月は48.1%と横ばいで、その後はむしろリバウンドして減っている感じです。電車に乗っていてもそう感じます。4月ぐらいは車内がすかすかだったのが、最近はまた、満員電車というほどではないですが、かなり乗客が増えた感じです。ただ、いずれにしても、今回、強制的なテレワーク、在宅勤務が行われたことから、テレワークをめぐる議論が沸騰しました。

2 テレワークの経緯

　この問題は、やはり労働時間管理を中心とした労働法上の問題が必ずしも明確に決着していないことが大きいと思います。テレワークについても、過去に遡って、その経緯をざっと見ていきましょう。大体、テレワークが始まったのは1970年代、1980年代ぐらいですが、政府の政策としては、1996年に、当時の労働省や郵政省が共催でテレワーク推進会議が開催され、報告書が出されています。さらに1999年には「テレワーク導入マニュアル」なるものが策定されています。これらはもう20年以上も前ですが、大体政策的な出発点というのはその辺です。

3 事業場外労働制の経緯

　一方で、これはもっと古い話ですが、事業場外労働のみなし労働時間制というのがあります。これは、法律に規定が置かれたのは1987年改正によってで、今から30年ちょっと前ですが、実は省令レベルではるか以前、1947年に労働基準法が施行された頃から、省令で、事業場外労働のみなし制というのがあったのです。出張とか記事の取材のように労働時間を算定しがたい場合は、通常労働時間とみなすという制度があって、これが1987年の労働基準法改正で、第38条の2という形で入ったことは皆さんよく御存じのとおりです【資料47】。

　この33年前の法改正のときの解釈通達（昭和63年1月1日基発第1号）が、

まだ生きています。どういうことが書いてあるかというと、無線・ポケベルで随時使用者の指示を受けていたらみなし制は適用しないと書いています【資料48】。ほんとかなという話ですね。だって無線・ポケベルで駄目なんですよ。無線・ポケベルで駄目だったら、携帯電話ではもっと駄目、スマートフォンに至っては適用の余地などなく、全部アウトでしょう。ところが厚生労働省の就労条件総合調査で、いろいろな労働時間制度の調査をやっていますが、何かと問題になる裁量労働制なんて大したことはありません。専門業務型で2.5%、企画業務型など1.0%に過ぎませんが、事業場外のみなし制は12.0%も使われています。無線・ポケベルで駄目だと言いながら、スマホ時代に12%もみなしを使っているのです。とはいえ、これが全部駄目だといったら、日本の営業マンは全部ひっくり返ってしまうでしょう。

4　2004年在宅勤務通達

ただ、今日はその話には深入りしません。こういう事業場外労働のみなし時間制度というものがあることを前提として、2004年3月に、「情報通信機器を活用した在宅勤務に関する労働基準法第38条の2の適用について」（平成16年3月5日基発第0305001号）という通達が出されています。通称「在宅勤務通達」といい、これは京都労働局長の質問への回答という形で出された通達なのですが、在宅勤務について、初めて厚生労働省が見解を示した通達です。この中でどういうことを言っているかというと、在宅勤務にみなし労働時間制が適用される要件というのは、まず「①当該業務が、起居寝食等私生活を営む自宅で行われること」、次に「②当該情報機器が、使用者の指示により常時通信可能な状態におくこととされていないこと」、そして「③当該業務が、随時使用者の具体的な指示に基づいて行われていないこと」の三つです。ただし、個室確保等勤務時間帯と日常時間帯が混在することのない措置があればみなし制は適用しません。こういう内容の通達を出しています【資料49】。

5　2004年在宅勤務ガイドライン

そして、この在宅勤務通達と同時に、在宅勤務ガイドラインというのを出しています。ガイドラインなので、労働条件の明示だとか、今言った通達の要件を満たせばみなし制が適用されるということ。また、業務に従事した時間を日報等で

記録し、事業主はそれで労働時間の状況を把握するとか、安全衛生面など、いろいろなことに配慮するということが書かれていました【資料50】。

6　労働市場改革専門調査会

　これら在宅勤務通達や在宅勤務ガイドラインに対して、当時経済財政諮問会議に設けられていた労働市場改革専門調査会からいろいろと注文が付きました。この労働市場改革専門調査会は、それまで規制改革会議にいた八代尚宏さんが経済財政諮問会議に移って、本格的に労働市場制度改正に取り組んでいこうとしていた時期に、その舞台として設けられたものです。八代さんはこの調査会で、自ら会長としていろいろな議論を展開していったのですが、その中で、在宅勤務について審議をしています。この時、厚生労働省の担当官が調査会に出席していろいろ答弁しているのですが、その議事録を見ると、今読んでもなかなか興味深いやり取りがされています。このやりとりを受けて、2007年9月の第2次報告で、2004年通達の要件を、厚生労働省の担当官が答弁したようにちゃんと書くように求めています。これを受けて、2008年通達が出されています。

　しかしそれだけではなくて、このときに労働市場改革専門調査会が要求していたのは、在宅勤務法制の今後の課題として、事業場外労働のみなし制を超えて、深夜業や休日労働についても労使協定で労働者の裁量に委ねることにしたらどうかと提起しています。提案としては、裁量労働制の新たなタイプ、あるいは独自のみなし制、あるいは新たな労働時間制度ということを考えたらどうかということを、もう10年以上前の段階で、八代さんたちは主張していたのです【資料51】。ただ、こちらはあくまでも労働市場改革専門調査会の要求であって、厚生労働者側は受け入れているわけではありません。この段階での労働行政としての対応は、専門調査会で担当官が答弁したことを、次の2008年通達と2008年ガイドラインに盛り込んだことに尽きます。

7　2008年通達とガイドライン

　こうして、2008年7月に厚生労働省労働基準局は2004年在宅勤務通達を改正し、同名の通達（平成20年7月28日基発第0728002号）を発出しました【資料52】。これは、2004年通達の②と③の各要件について詳しい注釈をつける形で、その具体的要件を明らかにしています。

　まず②の「使用者の指示により常時」というのは、労働者が自分の意思で通信可能な状態を切断することが使用者から認められていない状態の意味です。次に「通信可能な状態」とは、使用者が労働者に対して情報通信機器を用いて電子メール、電子掲示板等により随時具体的指示を行うことが可能であり、かつ、使用者から具体的指示があった場合に労働者がそれに即応しなければならない状態（即ち、具体的な指示に備えて手待ち状態で待機しているか、又は待機しつつ実作業を行っている状態）の意味であり、単に回線が接続されているだけで労働者が情報通信機器から離れることが自由である場合等は「通信可能な状態」に当たりません。

　それでは、③の「具体的な指示に基づいて行われる」とはどういうことかというと、当該業務の目的、目標、期限等の基本的事項を指示することや、これらの基本的事項について所要の変更の指示をすることは含まれません。

　またこれと同時に出された 2008 年ガイドラインでは、深夜業・休日労働につき、事前許可制・事後申告制をとっていて事前許可・事後申告なき場合は労働時間に該当しないということを詳しく解説していました【資料 53】。これらの点は、後述の 2018 年ガイドラインにおいても変わることなく引き継がれています。

8　国家戦略特区法の援助規定

　ここでちょっと話が変わって、これはむしろテレワーク促進の方の流れですが、国家戦略特区の方で動きがありました。21 世紀になってから、規制改革会議とか、産業競争力会議だとか、経済財政諮問会議だとか、国家戦略特区とか、官邸回りにいろいろな会議体が設けられて、それぞれにいろいろなことを打ち出してくるという傾向が強まってきますが、その一つとして国家戦略特区諮問会議というのがあります。2017 年 2 月の国家戦略特区諮問会議で、「情報通信技術を利用した事業場外勤務の活用のための事業主等に対する援助」という項目が、国家戦略特区法の改正に盛り込むことが決められ、同年 7 月の法改正が行われました【資料 54】。これはあくまでテレワーク促進という話であって、内容的には規制改革ではないのですが、この改正によってはじめて日本国の法律上に、「情報通信技術利用事業場外勤務」という概念が規定され、その定義として、「在宅勤務その他の労働者が雇用されている事業場における勤務に代えて行う事業場外における勤務であって、情報通信技術を利用して行うもの」が書き込まれました。法律事項は、この情報通信技術利用事業場外勤務への情報提供・相談・助言その他の援助であって、これを受けて東京テレワーク推進センターなるものが設置をされています。

ここまでが最初に申し上げた、3年前の「働き方改革実行計画」までの動きでした。これで分かるように、テレワークにもそれなりに、過去二、三十年ぐらいの歴史があり、それを引きずっている面もあるのです。

9 働き方改革実行計画

こうしてようやく、2017年3月の「働き方改革実行計画」までたどり着きました。この実行計画の中の「柔軟な働き方がしやすい環境整備」という項目に、「雇用型テレワークのガイドライン刷新と導入支援」というのが入りました。具体的には、在宅勤務だけでなく、サテライトオフィスやモバイル勤務といったものも含めて追加すべきであるとか、あるいはフレックスタイム制や、いわゆる通常の労働時間制度をとる場合における中抜け時間とか移動時間の取扱い、あるいは事業場外みなし制を活用できる条件などを具体的に整理すべきであるということが書かれています【資料55】。

これを受けて、2017年10月に、厚生労働省に「柔軟な働き方に関する検討会」とが設置され、たった2か月の審議の後、12月には報告書とガイドライン案が示されました。翌年すぐに、このガイドライン案の「案」が取れて、「情報通信技術を利用した事業場外勤務の適切な導入及び実施のためのガイドライン」が策定をされたわけです。これが2018年ガイドラインになります【資料56】。

10 2018年ガイドライン

このガイドラインの策定に至る背景事情としては、この時期の働き方改革が、同一労働同一賃金と並んで、長時間労働の是正というのが非常に重要な基軸となっていたことを抜きには語れません。このために、ここはなかなか興味深いところですが、かつての2004年ガイドラインや2008年ガイドラインに比べると、むしろ、より厳格な労働時間管理に傾斜したところがあります。旧通達や旧ガイドラインでは、どちらかというと、在宅勤務というのは、事業場外労働のみなし制を適用するのが原則であるかのように記述がなされ、その適用の条件はこれこれであるという形で書かれていたのですが、2018年ガイドラインではむしろ、通常の労働時間制度を適用するのが原則だという風に基本設定が変わっています。

そしてテレワークであっても、働き方改革の大きな流れの中で、労働時間適正把握義務がかかってくることが、確認されています。これも2017年に「労働時

間適正把握ガイドライン」というのが策定されており、さらに働き方改革推進の一連の法律の中で、労働安全衛生法の中に、労働時間状況の把握義務が規定されるに至っています【資料57】。こういう大きな流れがある中で、テレワークにも通常の労働時間制度をきちんと適用していくことが原則とされ、テレワークであっても労働時間をきちんと把握しなければならず、いわゆる中抜け時間というのは休憩時間とか、あるいは時間単位の年休として扱っていくという方向が示されます。また、移動時間中のテレワークも労働時間である。こういうことがガイドラインに書かれています。

フレックスタイムについても書かれていますが、当然、労働時間把握義務はあります。事業場外労働のみなし時間制についても、2018年ガイドラインの記述自体は、2004年、2008年のガイドラインの延長線上であり、情報機器が、使用者の指示により、常時通信可能な状態におくこととされていないこと、そして、随時使用者の具体的な指示に基づいて行われていないことの2要件を満たす場合には適用されるとされています。けれども、それでも労働者の健康確保の観点から、勤務状況を把握し、適正な労働時間管理を行う責務があると書かれています。また、法定要件を満たせば裁量労働制の適用も可能ですが、適正な労働時間管理の責務があります。夜業・休日労働につき、事前許可制・事後報告制をとっていて事前許可・事後報告なき場合は労働時間に該当せずというのもそのままです。

次に、これがその後注文が付けられたところですが、テレワークの長時間労働対策として、四つの事項を挙げています。①が時間外・休日・深夜のメール送付の自粛命令②が社内システムへの深夜・休日のアクセス制限、③が時間外・休日・深夜労働の原則禁止・許可制、といったものです。この③がこの後批判されることになります。④が長時間労働する者への注意喚起です。そのほか、安全衛生の関係とか過重労働の関係で、いろいろな指摘がされていますし、業務内容の明確化とか、業績評価の明確化、通信費・情報通信機器等の費用負担といったことも書かれています。ガイドラインの最後には、「テレワークを行う労働者の自律」がうたわれていますが、全体としては、長時間労働抑制のためにより厳格な労働時間管理に傾斜していて、そのバランスをどうとるかに課題があることは否定しがたいところです。

11 テレワーク助成金の経緯

一方、今回のコロナ禍で急速に多く使われてしまい、既に予算がなくなって、

新規の申請をストップしてしまったのがテレワーク助成金です。これも別段、今回始まったわけではありません。元をたどればそれなりの歴史があります。2008年ですから、もう大分前ですが、こちらは、金の出どころは労災保険です。労災保険の社会復帰促進等事業として、「職場意識改善助成金」というのが創られたのですが、その要件の選択肢の一つとして「在宅勤務その他の多様な就労を可能とする措置」というのが入りました。2014年には、そこにテレワークコースというのが追加されました。「情報通信技術を活用した在宅勤務」はあくまで1週間に1日以上在宅勤務を行うという形です。2015年には、さらにサテライトオフィスも追加されるという形になりました。

　これが2年前、2018年4月に、「時間外労働等改善助成金」に改称され、補助率も若干引き上げられました。そして今年、2020年4月には「働き方改革推進支援助成金」に改称されています。これはもう、コロナ禍の真っ最中ではありますが、ただ、そうなるのは、その前からそういう既定路線で動いていたのです。一方で、コロナ禍が拡大したために、今年3月に、新型コロナウイルス感染症対策を目的とした取組を行う事業主を支援する特例コースというのが時限的に設置をされて、いろいろな費用も対象にするということになっています。政策的には今、動いているのは、こちらの助成金の方です【資料58】。

12　規制改革推進会議

　さて一方で、先ほどみた2018年ガイドラインに対して、今度は規制改革推進会議が文句をつけました。2019年3月に、規制改革推進会議に「働き方の多様化に資するルール整備に関するタスクフォース」というのが設けられ、これもやはり八代尚宏さんが主査を務めています。

　ここでも厚生労働省の担当官を呼んで審議を行いました。それを踏まえて昨年6月に出された「規制改革推進に関する第5次答申」の中で、「テレワークのみ殊更に深夜労働等の原則禁止を示すガイドラインの記載は、通常の事業場での働き方に比べて制約が大きいという認識を与えかねない」という指摘がされています。そして、ニーズを調査するとともに「誤解を与えかねない表現」の見直しをすべきであるということを、この第5次答申で要求し、これが閣議決定された規制改革実施計画に盛り込まれています【資料59】。

　ここからわかるように、コロナ禍が始まる前の段階で、既に今年度テレワークについて調査をし、検討をするというのは既定路線になっていたのです。この規

制改革推進会議が言っていることは、ここで書かれているのは深夜業の話だけみたいに見えるのですが、しかし主査の八代さんは、先ほど見たように、もう10年以上前の段階で、当時は経済財政諮問会議の労働市場改革専門調査会の会長だったときに、やはり同じようなことを言っていて、そのときには、深夜業だけじゃなくて、休日労働も含めて、裁量労働制の新タイプにしたらどうかとか、新たな労働時間制度にしたらどうか、こういうことも言っていたので、今回も、問題意識としてはおそらくその延長線上にあるのであろうと思われます。

13 テレワーク働き方検討会

　以上のような経緯があった上に、今年初めからのコロナ禍で、急激にかつ強制的に在宅勤務が増えて、あちこちで在宅勤務の問題点がどっと噴出してきました。これはマスコミ等でいろいろ報道されているので、皆さんよく御存じだと思いますが、それを受けて、改めてテレワークの在り方について、きっちりと検討しようという話になってきて、2020年8月、実をいうと3日前ですが、今週の月曜日、厚生労働省の雇用環境・均等局で、「これからのテレワークでの働き方に関する検討会」が設置をされて始まりました。座長は守島基博先生です。なぜか私も委員の一人として入っております。検討課題としては、テレワークの際の労働時間管理の在り方、テレワークの際の作業環境や健康状況の管理・把握、メンタルヘルス、テレワークの対象者選定、その他労務管理上の課題が挙げられています。

　そして、昨年から規制改革の関係で実施することが決まっていた調査も、もう既に開始されています。その調査結果が、このテレワークの働き方検討会にも報告をされるということになっています。私も委員ですが、これからどういう議論が進んでいくことになるのか注目していきたいと思います。

　以上、わずか2時間弱の中に、これだけの4つの柱を詰め込んで説明してきました。各柱の中の一つ一つの項目だけでも本当はそれぞれに1時間ぐらいお話しできるような中身があるのですが、それを全部まとめて突っ込んだので、大変消化不良を起こしているかもしれません。ここから質疑応答の時間を取りますので、ぜひ、ここは突っ込み不足だとか、ここをもうちょっと入れろとか、ここはおかしいんじゃないかというようなことについて、皆様からの御質問、御意見をいただければと思います。ここまでの御清聴ありがとうございました。（拍手）

【資料編】

　最近の繊維産業の不況とこれに伴う通産省の綿紡績業における操業短縮に関する勧告により紡績会社は綿紡績部門の操業短縮実施のための応急的な措置をとっているが、その結果として生じた一時離職者に対する失業保険金給付事務については左記事項に留意しその取扱いに遺憾なきを期されたい。

記

一、都道府県及び公共職業安定所は紡績会社と労働組合との間の操業短縮に関する協定の締結乃至改廃の状況に注意し、協定が締結されている場合でも再雇用の条件につき一時退職等に関する条項のないもの又は実質的には雇用契約が継続していると見做されるものがあると思料されるからその内容をよく確かめておくこと。なお一時離職に関する協定のある紡績会社のうち主なるものは情報として通知する予定であるが、遠隔の地から労働者の大部分を募集する紡績会社において一時離職者の発生する場合にはその会社の所在地を管轄する都道府県から関係都道府県に必要な情報連絡を行うこと。

二、操業短縮に関する紡績会社と労働組合との協定に基づき会社が再雇用の条件つきで一時解雇を行ったことにより或は会社が再雇用の条件つきで希望退職者を募り労働者がこれに応じたことにより離職した者に対する一般的な方針は次の通りであること。

1.　操業短縮に伴う再雇用の条件につき、一時解雇及び再雇用の条件につき一時退職は失業保険上の離職と認められること。

2.　前号後段に該当する者の退職理由は、原則として正当な事由による退職と認められること。

3.　都道府県及び公共職業安定所は一時離職に関する協定のある紡績会社に対し、会社が一時離職者に離職票を交付するときは離職票⑮欄に一時離職の具体的説明及び再雇用することを予定している期日を記載するよう指導すると共に、一時離職者の再雇用の時期が到来した場合には、会社の所在地を管轄する公共職業安定所に求人の申込をするよう指導すること。なお右の求人申込を受理した場合の紹介は地域間の紹介手続（職業紹介過程手引0520-05399）に準じて求人連絡するものとするが、この場合送付する求人票には一時離職者を再雇用する旨及び離職者の氏名、住所等を付記するよう特に注

意すること。

4.　公共職業安定所はこれらの一時離職者が離職票を提出したときは離職前の事業所に雇用される意思を有しているか否かを確かめた上次によって取り扱うこと。

(イ)再雇用される意思を有する離職者であっても失業保険金の支給を受けるためには少なくとも再雇用の時期が到来するまでの期間は他の事業所に雇用される意思を有し、その旨の求職の申込を行うものでなければならないこと。

(ロ)公共職業安定所は右の求職者に対しては再雇用の時期が到来するまでの期間中就職できるような臨時的職業の紹介に努めること。

　　なお公共職業安定所が右により職業の紹介を行う場合にその職業に就くことを正当な理由なくして拒否するときは法第21条により給付制限を行うべきことはいうまでもないこと。

(ハ)再雇用される意思のないものに対する取扱いについては一般の離職者と同様であること又前記（イ）に該当する離職者が再雇用される意思を放棄したと認められる場合も同様であること。

　　なおこれらの場合は失業の認定を特に厳正に行わなければならないことはいうまでもないこと。

三、操業短縮に関する紡績会社と労働組合との協定のない場合における一時離職については慎重に調査した上で措置すべきものであるが、会社と労働者との間に再雇用する旨の契約が文書によりなされている場合は前項に準じて取扱いその他の者については一般の離職者と同様に取り扱うこと。

昭和27年5月12日失保発第1199号「操業短縮等に伴う一時離職者に対する失業保険金給付事務の取扱について」

　客月23日附職発第281号通達は綿紡績業者に対する取扱を定めたものでなく、操業短縮実施に伴う一時離職者に対する取扱に及び係る場合の退職事由についての方針を明示すると共に都道府県、公共職業安定所のとるべき措置を示したものである。

　即ち再雇用されることを条件とする一時離職者を失業保険法上の失業者と認めることは再雇用されるまでの期間に関係なく実質的に雇用関係が継続していないものであるならばたとえ再雇用されることの労働契約、労働協約等が存在していても差し支えないという意味である。

なお該通牒を他の事例に準用するに当たっては事業主と労働組合との間に締結された労働協約等を十分検討の上離職者であることの判定に努めると共にこれが退職事由については慎重調査の上決定せられたい。

【資料2】昭和29年7月16日職発第409号「一時帰休制度に関する失業保険の取扱について」

　操業短縮等による一時離職者については、一昨年4月職発第281号通達をもって失業保険法上の離職者と認められることを確認し、その後同通達により失業保険の対象として取り扱ってきたところであるが、絹紡績業の操業短縮、製糸業の端境期休業のみならず、昨年10月以降実施せられた金融引締の浸透による企業整備を行う場合に、一時帰休制度を採用することは、一時に大量の失業者を生じ、これによる労使間の紛争をみるより、雇用の安定に寄与すること多大であると認められる。しかしながら一部には本来の趣旨を逸脱し、安易に失業保険金の受給によって賃金支払を肩代わりさせようとする弊が散見され、またこれが安定機関における取扱が区々になるおそれもある。

　今般、従来の一時離職の取扱の基準を改め、これについて別紙「操業短縮に伴う一時帰休制度に関する計画」のとおり定めたから、これが実施については左記によられたい。この計画実施に当っては事業主において、当然万全を期すべき企業内の配置転換、他企業の適職への転職斡旋等に関する努力がなおざりにされることがないよう指導について注意されたい。・・・

「操業短縮に伴う一時帰休に関する計画」

一、方針

　昨年10月以降実施された金融引締めの浸透により近く予想される企業整備による一時大量の失業者の発生及び労使の紛争を避けるため一時帰休制度を採用し、これを失業保険の対象とすることによって雇用の安定を図り失業対策に資するものとする。

二、一時帰休制度の失業保険の対象となる要件

　(一)経営不振、操業短縮等による企業整備を避けがたい事業であること。

　(二)右の企業整備によって一時に大量の解雇者を生じ社会不安の発生が予想せられるものであること。

　(三)一時帰休制度を実施することにより企業の円滑なる運営が確保され一時帰

休者を再吸収できる見込みの確実なる事業であること。

(四)一時帰休制度を実施しようとする事業は一時帰休に関する労働協約を締結すること。

(五)事業主は一時帰休者に対し失業保険の給付対象となる期間手当その他の給与を支給することができないものであること。

(六)失業保険料が完全納付されていること。

三、実施要領

(一)一時帰休をする労働者は再雇用を約する一時離職の取扱とし、失業保険の対象とする。

(二)帰休期間は概ね３ヶ月とし、帰休終了後６ヶ月以上再雇用するものであること。

(三)一時帰休者の失業保険の取扱は次によること。

　1、離職理由は事業主の都合による再雇用を約する解雇であること。

　2、保険給付については失業の認定回数を２週間に１回とし、その他は一般失業保険の取扱と同様とすること。

(四)一時帰休制度を実施しようとする事業主は、一時帰休実施計画（一時帰休を定める労働協約を添付する）を労働大臣又は都道府県知事に提出し承認を受けること。

　右の承認は、２都道府県以上に事業所を有する事業主については労働大臣、１都道府県内に事業所を有する事業主については都道府県知事が行うものとする。都道府県知事の行う右の承認については別に定めるところによる。

【資料3】綿紡操短に伴う失業保険法上の諸問題（『職業安定広報』1952 年 8 月号）

… 言うまでもなく、失業保険金を受けるためには、受給資格者であって、労働の意思及び能力を有しているにも拘わらず、職業に就くことができない状態であることを公共職業安定所で確認を受ける。即ち失業の認定を受けなければならないのである。一方公共職業安定所としては、受給資格者が最初に安定所に出頭して、求職の申込をする際に記入した求職票に基づいて、その受給資格者にとっての適職を紹介すべく、常に努力を続けるのであるが、一時離職者が「近く再雇用されるのであるから働く意思はない。再雇用されるまでは家の手伝いでもしている」のであれば、失業の認定はできず、失業保険金の支給はできないことは勿論である。…（失業保険課　山形喜芳）

【資料 4】昭和二十八年六月及び七月の大水害の被害地域にある事業所に雇用されている労働者に対する失業保険法の適用の特例に関する法律（昭和 28 年 8 月 18 日法律第 239 号）

（この法律の目的）

第一条　この法律は、昭和二十八年六月及び七月の大水害（以下「水害」という。）を受けた政令で指定する地域（以下「被害地域」という。）における失業保険法（昭和二十二年法律第百四十六号。以下「法」という。）の適用を受ける事業所（以下「事業所」という。）が水害を受けその事業の全部又は一部が停止されたため、当該事業所の事業主に雇用される失業保険の被保険者が休業し、且つ、就労することができない状態にある場合、当該被保険者の生活の安定に資するため、法の適用に関し特例を定めることを目的とする。

（失業保険法の特例）

第二条　被害地域にある事業所の事業主が、その事業所が水害を受けたため、やむを得ず、事業所の事業の全部又は一部を停止する場合において、その事業所に雇用されている失業保険の被保険者（法第三十八条の三第一項の被保険者及び法第三十八条の四第一項の認可を受けた被保険者を除く。）であつて、その被保険者であつた期間が水害によりその事業の全部又は一部を停止した日以前一年間に通算して六箇月以上であつた者については、その者が、当該停止の日の翌日から昭和二十八年八月三十一日まで（政令で指定する被害地域にあつては同年九月三十日まで）の間、その事業の停止により休業した場合には、その休業を法第三条第二項の離職とみなし、当該休業した者が、当該停止の日の翌日から昭和二十八年八月三十一日まで（政令で指定する被害地域にあつては同年九月三十日まで）の間、労働の意思及び能力を有するにもかかわらず、就労することができない状態にある場合（当該事業の停止により休業したにかかわらず賃金又は手当の支給のある場合を除く。）には、その状態を、法第三条第一項の失業とみなし、法を適用する。

2　前項に規定する休業をした者については、法第十一条の規定にかかわらず、その事業所に再び就業した日を、同条の事業主に雇用された日とみなす。

3　第一項の規定により失業保険金の支給を受けることができる者が、同項の規定により失業したものとみなされた期間に係る失業保険金の支給を受けるには、法第十六条の規定にかかわらず、命令の定めるところにより、公共職業安定所に出頭し、且つ、同項に規定する休業者であることの証明書を提出して、

失業の認定を受けなければならない。

4 前項の失業の認定に係る失業保険金の支給を受ける者については、法第十九条の規定にかかわらず、その者につき失業したものとみなされた日以後において、失業保険金を支給しない期間は、同項の認定を受けた失業の期間の最初の七日とする。

5 第三項の失業の認定に係る失業保険金は、法第二十四条第一項の規定にかかわらず、当該失業の認定を受けた日から一週間以内に、当該失業の認定を受けた日前の当該失業の認定に係る失業の期間分を支給するものとする。

6 第一項の規定により支給する失業保険金は、法第二十条に規定する百八十日分に含まれるものとする。

【資料 5】昭和三十四年七月及び八月の水害並びに同年八月及び九月の風水害に関する失業保険特例法（昭和 34 年 12 月 14 日法律第 195 号）

（目的）

第一条 この法律は、昭和三十四年七月及び八月の水害又は同年八月及び九月の風水害による事業の休止又は廃止のため休業し、又は離職するに至つた失業保険の被保険者について、失業保険金の支給等に関し失業保険法（昭和二十二年法律第百四十六号。以下「法」という。）の特例を定めることにより、その生活の安定を図ることを目的とする。

（定義）

第二条 この法律において「災害」とは、昭和三十四年七月及び八月の水害並びに同年八月及び九月の風水害をいう。

2 この法律において「被保険者」とは、失業保険の被保険者であつて、法第三十八条の五第一項の日雇労働被保険者以外のものをいう。

3 この法律において「休業者」とは、次条第一項の確認を受けた者をいう。

（休業の確認）

第三条 災害を受けた政令で定める地域にある事業所に被保険者として雇用されている者は、当該事業所が災害を受けたため、やむを得ず、事業を休止し、又は廃止したことにより休業するに至つた場合は、当該休業について、労働省令で定めるところにより、公共職業安定所長の確認を受けることができる。

2 前項の確認があつたときは、その者は、法の規定の適用については、当該休業の最初の日の前日において離職したものとみなす。

3 第一項の確認を受けようとする者は、労働省令で定める期日までに確認の申請をしなければならない。

（被保険者資格喪失の確認に関する特例）

第四条 前条第一項の確認があつたときは、その確認による被保険者の資格の喪失については、法第十三条の二第一項の確認があつたものとみなす。

2 前条第一項の確認による被保険者の資格の喪失については、法第十三条の三の規定は、適用しない。

（失業に関する特例）

第五条 労働の意思及び能力を有するにもかかわらず、就労することができず、かつ、賃金を受けることができない状態にある休業者は、法の規定の適用については、失業しているものとみなす。ただし、災害の状況を考慮して、地域ごとに、昭和三十四年八月三十一日から昭和三十五年三月三十一日までの範囲内において政令で定める日（以下「指定期日」という。）までの間に限る。

2 休業者は、当該休業に係る失業保険金の支給を受けるには、法第十六条の規定にかかわらず、別に労働省令で定めるところにより、公共職業安定所に出頭して失業の認定を受けなければならない。

3 前項の失業の認定は、法の規定の適用については、法第十六条第一項の失業の認定とみなす。

（待期に関する特例）

第六条 休業者（次項の規定による失業保険金を受ける者を除く。）の前条第二項の失業の認定に係る失業保険金については、法第十九条本文中「失業保険金は、受給資格者が公共職業安定所に離職後最初に求職の申込をした日以後において」とあるのは、「失業保険金は」とする。

次の各号に掲げる失業保険金については、法第十九条の規定は、適用しない。

一 休業者であつて前条第二項の失業の認定に係る失業の日数が引き続き三十日以上であるものの当該失業に係る失業保険金

二 第十条第一項第二号に掲げる者であつて法第十六条第一項の失業の認定に係る失業の日数が引き続き三十日以上であるものの当該失業に係る失業保険金

三 休業者であり、かつ、当該事業所が災害を受けたため、やむを得ず、事業を休止し、若しくは廃止したことにより離職した者又は第十条第一項第一号に掲げる者であつて、前二号の失業の認定に係る失業の日数が引き続き三十日以上であるものの当該失業に係る失業保険金

（支給方法及び支給期日に関する特例）

第七条　第五条第二項の失業の認定に係る失業保険金の支給方法及び支給期日
　　は、法第二十四条第一項の規定にかかわらず、別に労働省令で定める。
（被保険者資格の取得に関する特例）
第八条　休業者は、指定期日までに、事業の再開により従前の事業所に再び就業
　　し、又は従前の事業主の他の事業所に就業するに至つた場合は、法の規定の適
　　用については、就業の最初の日に当該事業主に雇用されたものとみなす。
2　休業者（前項の規定の適用を受ける者及び指定期日までの間において従前の
　　事業主との雇用関係が終了した者を除く。）は、法の規定の適用については、
　　指定期日の翌日に従前の事業所に雇用されたものとみなす。…

【資料6】失業保険法の一部を改正する法律（昭和38年8月1日法律第162号）

（激甚災害に対処するための特別の財政援助等に関する法律の一部改正）
第十二条　激甚災害に対処するための特別の財政援助等に関する法律（昭和
　　三十七年法律第百五十号）の一部を次のように改正する。
　　第五章中第二十四条の次に次の一条を加える。
（失業保険法による失業保険金の支給に関する特例）
第二十五条　激甚災害を受けた政令で定める地域にある失業保険法（昭和二十二
　　年法律第百四十六号）の適用を受ける事業所に失業保険の被保険者（同法第
　　三十八条の五の日雇労働被保険者を除く。）として雇用されている者が、当該
　　事業所が災害を受けたため、やむを得ず、事業を休止し、又は廃止したことに
　　より休業するに至り、労働の意思及び能力を有するにもかかわらず、就労する
　　ことができず、かつ、賃金を受けることができない状態にあるときは、同法の
　　規定の適用については、失業しているものとみなして失業保険金を支給するこ
　　とができる。ただし、災害の状況を考慮して、地域ごとに政令で定める日（以
　　下この条において「指定期日」という。）までの間に限る。
2　前項の規定による失業保険金の支給を受けるには、当該休業について労働省
　　令の定めるところにより労働大臣の確認を受けなければならない。
3　前項の確認があつた場合における失業保険法の規定の適用については、その
　　者は、当該休業の最初の日の前日において離職したものとみなし、その確認に
　　よる被保険者の資格の喪失については、同法第十三条の二第一項の確認があつ
　　たものとみなす。この場合において、同法第十三条の三の規定は、適用しない。
4　第一項の規定による失業保険金の支給については、失業保険法第十六条、第

十九条及び第二十四条の規定の適用について労働省令で特別の定めをすることができる。

5　第二項の確認を受けた者（指定期日までの間において従前の事業主との雇用関係が終了した者を除く。）は、失業保険法の規定の適用については、指定期日の翌日に従前の事業所に雇用されたものとみなす。ただし、指定期日までに従前の事業所に再び就業し、又は従前の事業主の他の事業所に就業するに至つた者は、就業の最初の日に雇用されたものとみなす。

6　第二項の確認に関する処分については、失業保険法第四十条から第四十二条まで及び第五十二条の規定を準用する。

【資料 7】 雇用対策法（昭和 41 年 7 月 21 日法律第 132 号）

第五章　職業転換給付金
（職業転換給付金の支給）
第十三条　国及び都道府県は、他の法令の規定に基づき支給するものを除くほか、労働者がその有する能力に適合する職業につくことを容易にし、及び促進するため、求職者その他の労働者又は事業主に対して、政令で定める区分に従い、次の各号に掲げる給付金（以下「職業転換給付金」という。）を支給することができる。

一　求職者の求職活動の促進とその生活の安定とを図るための給付金
二　求職者の知識及び技能の習得を容易にするための給付金
三　広範囲の地域にわたる求職活動に要する費用に充てるための給付金
四　就業又は知識若しくは技能の習得をするための移転に要する費用に充てるための給付金
五　求職者を作業環境に適応させる訓練を行なうことを促進するための給付金
六　前各号に掲げる給付金以外の給付金であつて、政令で定めるもの
（支給基準等）
第十四条　職業転換給付金の支給に関し必要な基準は、労働省令で定める。

2　前項の基準の作成及びその運用にあたつては、他の法令の規定に基づき支給する給付金でこれに類するものとの関連を十分に参酌し、求職者の雇用が促進されるように配慮しなければならない。

（国の負担）
第十五条　国は、政令で定めるところにより、都道府県が支給する職業転換給付

金に要する費用の一部を負担する。

（譲渡等の禁止）

第十六条　職業転換給付金の支給を受けることとなつた者の当該支給を受ける権利は、譲り渡し、担保に供し、又は差し押えることができない。ただし、事業主に係る当該権利については、国税滞納処分（その例による処分を含む。）により差し押える場合は、この限りでない。

（公課の禁止）

第十七条　租税その他の公課は、職業転換給付金（事業主に対して支給するものを除く。）を標準として、課することができない。

（連絡及び協力）

第十八条　公共職業安定所、都道府県及び雇用促進事業団は、職業転換給付金の支給が円滑かつ効果的に行なわれるように相互に緊密に連絡し、及び協力しなければならない。

【資料8】雇用保険法（昭和49年12月28日法律第116号）

（雇用改善事業）

第六十二条　政府は、被保険者及び被保険者であつた者（以下この章において「被保険者等」という。）に関し、雇用状態の是正、失業の予防その他雇用構造の改善を図るため、雇用改善事業として、次の事業を行うことができる。

　　四　事業主に対して、景気の変動、国際経済事情の急激な変化その他の経済上の理由により事業活動の縮小を余儀なくされた場合における失業を予防するために必要な助成及び援助を行うこと。

雇用保険法施行規則（昭和50年3月10日労働省令第3号）

（雇用調整給付金）

第百十三条　雇用調整給付金は、次の各号のいずれにも該当する事業主に対して、支給するものとする。

　　一　労働大臣が指定する業種（以下この項において「指定業種」という。）に属する事業を行う事業主であつて、景気の変動、国際経済事情の急激な変化その他の経済上の理由により、当該事業を行う事業所において事業活動の縮小を余儀なくされたものであること。

　　二　前号の事業所において次のいずれにも該当する休業（所定労働日の全一日

にわたるものに限る。以下同じ。）を行い、被保険者（当該休業の日の属する二に規定する判定基礎期間の初日の前日において当該事業主に被保険者として継続して雇用された期間が六箇月未満である被保険者、解雇を予告された被保険者及び日雇労働被保険者を除き、以下この条において「対象被保険者」という。）に対し休業に係る手当（以下この条において「手当」という。）を支払った事業主であること。

イ　指定業種ごとに労働大臣が定める期間（以下この条において「指定期間」という。）内において、対象被保険者について行うものであること。

ロ　休業の期間、休業の対象となる労働者の範囲、手当の支払の基準その他休業の実施に関する事項について、あらかじめ、当該事業主と当該事業所に労働者の過半数で組織する労働組合がある場合にはその労働組合、労働者の過半数で組織する労働組合がない場合には労働者の過半数を代表する者との間に書面による協定がなされ、当該協定の定めるところによつて行われるものであること。

ハ　手当の支払いが労働基準法（昭和二十二年法律第四十九号）第二十六条の規定に違反していないものであること。‥‥

【資料 9】雇用保険法の一部を改正する法律（昭和 52 年 5 月 20 日法律第 43 号）

（雇用安定事業）

第六十一条の二　政府は、被保険者及び被保険者であつた者（以下この章において「被保険者等」という。）に関し、景気の変動その他の経済上の理由により事業活動の縮小を余儀なくされた場合における失業の予防その他雇用の安定を図るため、雇用安定事業として、次の事業を行うことができる。

一　事業活動の縮小を余儀なくされ、その雇用する労働者を休業させる事業主に対して、当該休業に必要な助成及び援助を行うこと。

二　事業活動の縮小を余儀なくされる間においてその雇用する労働者に職業に関する教育訓練を受けさせる事業主に対して、当該教育訓練に必要な助成及び援助を行うこと。

三　前二号に掲げるもののほか、被保険者等の雇用の安定を図るために必要な事業であつて、労働省令で定めるものを行うこと。

2　政府は、前項に規定する事業のほか、被保険者等に関し、産業構造の変化その他の経済上の理由により事業の転換又は事業規模の縮小（以下この項におい

て「事業転換等」という。）を余儀なくされた場合における失業の予防その他雇用の安定を図るため、雇用安定事業として、次の事業を行うことができる。

一　事業転換等を余儀なくされ、当該事業転換等に伴い必要となる教育訓練をその雇用する労働者に受けさせる事業主に対して、当該教育訓練に必要な助成及び援助を行うこと。

二　事業転換等を余儀なくされ、当該事業転換等のための施設又は設備の設置、整備等に伴いその雇用する労働者を休業させる事業主に対して、当該休業に必要な助成及び援助を行うこと。

三　前二号に掲げるもののほか、被保険者等の雇用の安定を図るために必要な事業であつて、労働省令で定めるものを行うこと。

3　前二項に規定する事業の実施に関して必要な基準は、労働省令で定める。この場合において、前項各号に掲げる事業の対象となる事業主をその行う事業の属する業種の種別により定めようとするときは、あらかじめ、労働大臣は、当該業種に属する事業を所管する大臣と協議するものとする。

【資料 10】遠藤政夫『完全雇用政策の理論と実践』（労務行政研究所、1976 年）

・・・産業構造の変化に対する失業防止措置というのは何か。一時休業であろうか。否、一時休業はあくまでも短期の対策であって、いまここでしばらく頑張っていればやがて景気もよくなるという場合にはじめて意味のあるものである。産業構造の変化によって、衰退するとみられている産業については、したがって一時休業による救済を考えるのは意味がない。となると、衰退産業の雇用については失業の防止を図る途はないように見えるが、企業側なり事業主側なりを見ると、ある事業がうまくいかなくなると、他の事業に乗り換えるということがしばしば見られる。その時にその従業員も切り替えた事業の方に移してもらえば、従業員は失業しないで済む。そのためには何が必要か。従来の仕事がなくなり別の新しい仕事に就くということになると、その職務内容、従って必要な知識、技能が変わる可能性が高く、従業員が新しい職務をこなしていけるように教育訓練をすることが必要になる。つまり、産業構造の変化に際しての衰退産業からの失業の発生を防ぐのは、事業転換であり、教育訓練である。・・・

【資料 11】経済社会の変化に対応する円滑な再就職を促進するための雇用対策法等の一部を改正する等の法律（平成 13 年 4 月 25 日法律第 35 号）

第二条　雇用対策法（昭和四十一年法律第百三十二号）の一部を次のように改正する。

（事業主の責務）

第六条　事業主は、事業規模若しくは事業活動の縮小又は事業の転換若しくは廃止（以下「事業規模の縮小等」という。）に伴い離職を余儀なくされる労働者について、当該労働者が行う求職活動に対する援助その他の再就職の援助を行うことにより、その職業の安定を図るように努めなければならない。

（円滑な再就職の促進のための助成及び援助）

第二十条の二　政府は、事業規模の縮小等に伴い離職を余儀なくされる労働者（以下この条において「援助対象労働者」という。）の円滑な再就職を促進するため、雇用保険法（昭和四十九年法律第百十六号）第六十二条の雇用安定事業として、第二十四条第三項又は前条第一項の規定による認定を受けた再就職援助計画に基づき、その雇用する援助対象労働者に関し、求職活動をするための休暇（労働基準法（昭和二十二年法律第四十九号）第三十九条の規定による年次有給休暇として与えられるものを除く。）の付与その他の再就職の促進に特に資すると認められる措置を講ずる事業主に対して、必要な助成及び援助を行うものとする。

雇用保険法施行規則

（労働移動支援助成金）

第百二条の五　労働移動支援助成金は、求職活動等支援給付金、労働移動支援体制整備奨励金及び定着講習支援給付金とする。

2　求職活動等支援給付金は、次の各号のいずれにも該当する事業主に対して、第三号の休暇の日数及び同号の休暇中に行われた教育訓練の日数に応じて、支給するものとする。

　　一　雇用対策法第二十四条第一項又は第二十五条第一項に規定する再就職援助計画（以下この項において「再就職援助計画」という。）を作成し、同法第二十四条第三項又は第二十五条第一項の規定による公共職業安定所長の認定を受けた事業主（以下この条において「認定事業主」という。）であること。

　　二　前号の再就職援助計画について、労働組合等からその内容について同意を

得た事業主であること。

三　第一号の再就職援助計画の対象となる被保険者（短期雇用特例被保険者及び日雇労働被保険者並びに認定事業主に被保険者として継続して雇用された期間が一年未満である者及び認定事業主の事業所への復帰の見込みがある者を除く。以下この項において「計画対象被保険者」という。）に対し、求職活動等のための休暇（労働基準法第三十九条の規定による年次有給休暇として与えられるものを除く。）を与える事業主であること。・・・

【資料 12】日本再興戦略　-JAPAN is BACK-（平成 25 年 6 月 14 日閣議決定）

①行き過ぎた雇用維持型から労働移動支援型への政策転換（失業なき労働移動の実現）

　　リーマンショック以降の急激な雇用情勢の悪化に対応するために拡大した雇用維持型の政策を改め、個人が円滑に転職等を行い、能力を発揮し、経済成長の担い手として活躍できるよう、能力開発支援を含めた労働移動支援型の政策に大胆に転換する。これらにより、今後 5 年間で、失業期間 6 か月以上の者の数を 2 割減少させ、転職入職率（パートタイムを除く一般労働者）を 9% とすることを目標とする。

○労働移動支援助成金の抜本的拡充等

- 雇用調整助成金（2012 年度実績額約 1,134 億円）から労働移動支援助成金（2012 年度実績額 2.4 億円）に大胆に資金をシフトさせることにより、2015 年度までに予算規模を逆転させる。本年 8 月末までに検討を進め結論を得た上で、概算要求等に反映させる。

- 対象企業を中小企業だけでなく大企業に拡大する。

- 送り出し企業が民間人材ビジネスの訓練を活用した場合の助成措置を創設する。

- 支給時期を支援委託時と再就職実現時の 2 段階にする。

- 受入れ企業の行う訓練（OJT を含む）への助成措置を創設する。

- キャリアチェンジを伴う労働移動を成功させるためのキャリアコンサルティング技法の開発等を推進する。

附則第十五条の四の三　第百二条の三第一項第一号イに該当する事業主であつて、同項第二号イ（1）の対象期間（以下この条において「対象期間」という。）の初日が令和二年一月二十四日から起算して八月が経過する日の属する月の末日までの間にあり、かつ、新型コロナウイルス感染症に伴う経済上の理由により、急激に事業活動の縮小を余儀なくされたもの（以下この条において「新型コロナウイルス感染症関係事業主」という。）に係る対象期間（次項及び第九項において「新型コロナウイルス感染症特例対象期間」という。）については、第百二条の三第三項ただし書の規定は、適用しない。

2　新型コロナウイルス感染症特例対象期間中に実施された第百二条の三第一項第二号イに規定する休業等（当該休業等について雇用調整助成金が支給されるものに限る。第四項及び第六項において単に「休業等」という。）の日数は、同条第三項ただし書に規定する基準雇調金の対象期間の開始の日以後の支給日数に含めない。

3　新型コロナウイルス感染症関係事業主に係る第百二条の三第一項第二号の規定の適用については、同号イ中「（5）に規定する判定基礎期間の初日の前日において当該事業主に被保険者として継続して雇用された期間が六箇月未満である被保険者、解雇を予告された被保険者等」とあるのは「解雇を予告された被保険者等」と、同号イ（1）(i)中「当該事業主が指定した日（前号イに該当するものとして過去に雇用調整助成金の支給を受けたことがある事業主にあつては、当該指定した日が当該事業主の直前の対象期間の満了の日の翌日から起算して一年を超えているものに限る。）」とあるのは「当該事業主が指定した日」と、同号ロ中「出向をした日の前日において当該事業所の事業主に被保険者として継続して雇用された期間が六箇月未満である被保険者、解雇を予告された被保険者等」とあるのは「解雇を予告された被保険者等」とする。

4　新型コロナウイルス感染症に際し新型コロナウイルス感染症関係事業主が行う第百二条の三第一項第二号イに規定する対象被保険者の令和二年四月一日から同年九月三十日までの期間中の休業等については、同条第二項第一号の規定にかかわらず、当該休業等に係る同号の規定により対象被保険者に支払つた手当の額又は賃金の額に相当する額として算定した額の二分の二（中小企業事業主にあつては、五分の四）の額（その額を当該手当の支払の基礎となつた日数

で除して得た額が一万五千円を超えるときは、当該額に当該日数を乗じて得た額）を支給するものとする。

5　新型コロナウイルス感染症関係事業主であつて次の各号のいずれにも該当するものに対する前項の規定の適用については、同項中「三分の二（中小企業事業主にあつては、五分の四）」とあるのは、「四分の三（中小企業事業主にあつては、十分の十）」とする。

一　令和二年一月二十四日から第百二条の三第一項第二号イ(5)に規定する判定基礎期間の末日までの間（次号において「基準期間」という。）において、同項第一号イの事業所の労働者（日雇労働者を除く。）を解雇した事業主（労働者の責めに帰すべき理由により解雇した事業主を除く。）以外の事業主であること。

二　第百二条の三第一項第一号イの事業所において役務の提供を行つていた派遣労働者又は期間の定めのある労働契約を締結する労働者であつて基準期間内に離職したものの数等から判断して、適正な雇用管理を行つていると認められる事業主であること。

6　新型コロナウイルス感染症に際し新型コロナウイルス感染症関係事業主が行う第百二条の三第一項第二号イに規定する対象被保険者の休業等に係る同号及び同条第三項の規定の適用については、同号イ(2)(i)中「行われるもの」とあるのは「行われるもの若しくは労働者の雇用の安定を図るために必要なものとして職業安定局長が定めるもの」と、同号イ(5)中「十五分の一」とあるのは「三十分の一」と、「二十分の一」とあるのは「四十分の一」と、「以上となるもの」とあるのは「以上となるもの又はこれに準ずるものとして職業安定局長が定める要件に該当するもの」と、同項中「百日」とあるのは「百日に令和二年四月一日から同年九月三十日までの期間中の休業等の実施日数を加えた日数」とする。

7　新型コロナウイルス感染症に際し新型コロナウイルス感染症関係事業主が行う第百二条の三第一項第二号イに規定する対象被保険者の令和二年四月一日から同年九月三十日までの期間中の教育訓練に係る同号の適用については、同号イ(2)(ii)中「所定労働時間内に行われるものであつてその受講日において当該対象被保険者を業務に就かせないものであること。」とあるのは、「所定労働時間内に行われるものであること。」とする。

8　新型コロナウイルス感染症に際し新型コロナウイルス感染症関係事業主が行う第百二条の三第一項第二号ロに規定する出向対象被保険者の令和二年四月一

日から同年九月三十日までの期間中の出向に係る同号の規定の適用について
は、同号ロ (2) 中「三箇月」とあるのは、「一箇月」とする。
9　前各項の規定は、新型コロナウイルス感染症特例対象期間の初日から起算し
て六月の期間内に、別の対象期間の初日がある場合には、当該別の対象期間に
ついては、適用しない。

【資料 14】 雇用調整助成金の申請書類を簡素化します (厚生労働省リーフレット)

　新型コロナウイルス感染症に係る雇用調整助成金の特例措置に関する申請書類
等については、大幅に簡素化し、事業主の申請手続きの負担軽減と支給事務の迅
速化を図りましたので、是非活用下さい。
記載事項を約 5 割削減 73 事項→ 38 事項に削減（▲ 35 事項）
- 残業相殺制度を当面停止（残業時間の記載不要に）
- 自動計算機能付き様式の導入により記載事項を大幅に削減

記載事項の大幅な簡略化
- 日ごとの休業等の実績は記載不要（合計日数のみで可）

添付書類の削減
- 資本額の確認の「履歴事項全部証明書」等を廃止
- 休業協定書の労働者個人ごとの「委任状」を廃止
- 賃金総額の確認のための「確定保険料申告書」を廃止（システムで確認）

添付書類は既存書類で可に
- 生産指標→「売上」が分かる既存の書類で可
- 出勤簿や給与台帳でなくても、手書きのシフト表や給与明細でも可

計画届は事後提出可能（~6 月 30 日まで）

【資料 15】 雇用調整助成金支給実績 (厚生労働省ホームページ)

期間（週）	支給申請件数（件）		支給決定件数（件）		支給決定額（億円）	
		累計		累計		累計
~5/ 1	5,119	5,119	522	522	2.84	2.84
5/ 2~5/ 8	5,415	10,534	2,565	3,087	7.74	10.59
5/ 9~5/15	11,058	21,592	6,171	9,258	29.44	40.03
5/16~5/22	17,593	39,185	10,177	19,435	51.03	91.06

期間（週）	支給申請件数（件）		支給決定件数（件）		支給決定額（億円）	
		累計		累計		累計
5/23~5/29	33,711	**72,896**	15,931	**35,366**	92.62	**183.68**
5/30~6/5	45,772	**118,668**	24,976	**60,342**	141.45	**325.12**
6/6~6/12	46,011	**164,679**	32,274	**92,616**	238.41	**563.54**
6/13~6/19	52,019	**216,698**	39,682	**132,298**	359.94	**923.48**
6/20~6/26	64,768	**281,466**	47,154	**179,452**	439.03	**1,362.51**
6/27~7/3	79,719	**361,185**	53,079	**232,531**	447.43	**1,809.93**
7/4~7/10	82,748	**443,933**	74,471	**307,002**	755.77	**2,565.71**
7/11~7/17	79,556	**523,489**	84,822	**391,824**	938.14	**3,503.84**
7/18~7/24	48,647	**572,136**	65,975	**457,799**	731.88	**4,235.73**
7/25~7/31	90,111	**662,247**	90,663	**548,462**	1,616.05	**5,851.77**
8/1~8/7	80,310	**742,557**	82,625	**631,087**	1,548.04	**7,399.82**
8/8~8/14	64,697	**807,254**	65,038	**696,125**	1,215.66	**8,615.48**
8/15~8/21	77,609	**884,863**	81,508	**777,633**	1,325.79	**9,941.27**
8/22~8/28	124,001	**1,008,864**	88,599	**866,232**	973.28	**10,914.55**
8/29~9/4	110,022	**1,118,886**	91,983	**958,215**	1,445.82	**12,360.37**
9/5~9/11	79,240	**1,198,126**	100,363	**1,058,578**	1,085.57	**13,445.93**
9/12~9/18	77,094	**1,275,220**	94,096	**1,152,674**	1,037.16	**14,483.09**
9/19~9/25	52,559	**1,327,779**	55,337	**1,208,011**	782.48	**15,265.58**
9/26~10/2	131,395	**1,459,174**	92,635	**1,300,646**	1,147.85	**16,413.42**
10/3~10/9	87,284	**1,546,458**	102,175	**1,402,821**	1,157.49	**17,570.92**
10/10~10/16	81,305	**1,627,763**	101,174	**1,503,995**	1,045.68	**18,616.60**
10/17~10/23	67,660	**1,695,423**	91,252	**1,595,247**	872.24	**19,488.83**
10/24~10/30	72,552	**1,767,975**	80,448	**1,675,695**	870.43	**20,359.26**
10/31~11/6	59,589	**1,827,564**	64,933	**1,740,628**	691.17	**21,050.43**
11/7~11/13	60,274	**1,887,838**	74,249	**1,814,877**	841.84	**21,892.27**

【資料16】日本弁護士連合会「新型コロナウイルス感染症による緊急措置として、労働者が失業したものとみなして失業給付を受給できる措置を講じるとともに、雇用調整助成金の迅速な支給拡大を求める会長声明」（2020年5月7日）

　政府は、本年4月7日、新型インフルエンザ等対策特別措置法に基づき、7都府県を対象に緊急事態宣言を発出し、同月16日にはこれを全国に拡大、更に5

月末日まで延長した。これにより、国民生活全体に大きな影響が及んでいるが、特に、リーマンショックをはるかに上回ると言われる経済活動の停滞の中で、事業継続が困難となる事業者が続出し、それに伴って失業者が急増するなど今後の雇用環境の悪化が現実化しつつある。

新型コロナウイルス感染症の収束が見通せない中で、事業自体が失われたり、労働者が解雇されるなどして雇用契約関係から離脱してしまうと、その回復には多大な時間と労力を要することになる。政府は、感染症収束までの間、事業者の経営状態悪化に伴う従業員の解雇を回避することに主眼を置いた既存の制度の応急的かつ弾力的な活用を思い切ってすべきである。

まず、事業の継続による雇用の場の維持や雇用関係を維持する緊急措置が必要である。この点、激甚災害時に適用される「激甚災害に対処するための特別の財政援助等に関する法律」25条の「雇用保険法による求職者給付の支給に関する特例」は、事業所が災害を直接の原因として休止・廃止したため休業を余儀なくされ、労働者に休業手当を含む賃金を支払うことができない場合に、実際に離職していなくても、あるいは再雇用を約した一時的な離職の場合であっても、労働者が失業したものとみなして失業給付を受給できる制度である。

政府は、この特例措置にならって、今回の緊急事態宣言に伴う事業の休止等にも同様の措置をとり、感染症収束までの間、実際に離職していなくても労働者が失業給付を受給できるよう措置を講じ、事業再開を目指す事業主による雇用の維持を図るべきである。・・・

生存のためのコロナ対策ネットワーク提言「生存する権利を保障するための31の緊急提案」(2020年4月24日)
④休業労働者に雇用保険の失業給付を支給する
　　東日本大震災の際にも使われた災害時の「みなし失業」を適用し、離職していないが事業所の休業・業務縮小によって賃金も休業補償ももらえない労働者を、雇用保険の失業給付で救済すべきである。

【資料17】新型コロナウイルス感染症等の影響に対応するための雇用保険法の臨時特例等に関する法律(令和2年6月12日法律第54号)

(雇用保険法による雇用安定事業の特例)
第四条　政府は、新型コロナウイルス感染症等の影響による労働者の失業の予防

を図るため、雇用保険法第六十二条の雇用安定事業として、新型コロナウイルス感染症等の影響により事業主が休業させ、その休業させられている期間の全部又は一部について賃金の支払を受けることができなかった同法第四条第一項に規定する被保険者（次条第一項において「被保険者」という。）に対して、新型コロナウイルス感染症対応休業支援金を支給する事業を実施することができる。

（被保険者でない労働者に対する給付金）

第五条　政府は、新型コロナウイルス感染症等の影響による労働者の失業の予防を図るため、新型コロナウイルス感染症等の影響により事業主が休業させ、その休業させられている期間の全部又は一部について賃金の支払を受けることができなかった被保険者でない労働者（厚生労働省令で定める者を除く。）に対して、予算の範囲内において、新型コロナウイルス感染症対応休業支援金に準じて特別の給付金を支給することができる。…

新型コロナウイルス感染症等の影響に対応するための雇用保険法の臨時特例等に関する法律施行規則（令和2年6月12日厚生労働省令第125号）

（新型コロナウイルス感染症対応休業支援金）

第三条　新型コロナウイルス感染症対応休業支援金（法第四条に規定する新型コロナウイルス感染症対応休業支援金をいう。以下同じ。）は、令和二年四月一日から同年九月三十日までの間に新型コロナウイルス感染症等の影響（法第三条第一項第三号に規定する新型コロナウイルス感染症等の影響をいう。）により事業主が休業させ、その休業させられている期間の全部又は一部について賃金の支払を受けることができなかった雇用保険法第四条第一項に規定する被保険者であって、中小事業主（その資本金の額又は出資の総額が三億円（小売業又はサービス業を主たる事業とする事業主については五千万円、卸売業を主たる事業とする事業主については一億円）を超えない事業主及びその常時雇用する労働者の数が三百人（小売業を主たる事業とする事業主については五十人、卸売業又はサービス業を主たる事業とする事業主については百人）を超えない事業主をいう。）に雇用されるものに対して支給するものとする。

2　新型コロナウイルス感染症対応休業支援金は、休業させられている期間から、当該期間のうち就業した日数（当該就業した日における就業時間が四時間未満の場合は、当該就業をした日数に二分の一を乗じて得た日数）及び育児休業その他事業主がさせた休業ではないものとして厚生労働省職業安定局長（以下こ

の条において「職業安定局長」という。）が定めるものに係る日数を減じて得た日数に応じて支給する。

3　新型コロナウイルス感染症対応休業支援金は、第一項に規定する被保険者の賃金日額（休業を開始した月前六月のうちいずれかの三月に支払われた賃金（賞与を除く。））の総額を九十で除して得た額をいう。）に百分の八十を乗じて得た額（当該額が一万一千円を超えるときは、一万一千円）を日額とする。

4　複数の事業主に雇用され、そのうち二以上の事業主により休業させられている場合その他前項の規定により賃金日額を算定することが困難であるとき、又は同項の規定により算定した額を賃金日額とすることが適当でないと認められるときは、同項の規定にかかわらず、職業安定局長が定めるところにより算定した額を賃金日額とする。

5　第一項の規定にかかわらず、新型コロナウイルス感染症対応休業支援金は、国等（雇用保険法施行規則第百二十条に規定する国等をいう。次項において同じ。）の事業に雇用される者に対しては、支給しないものとする。

6　前項の規定は、同項に規定する者が国等以外の者の事業に雇用されている場合にあっては、当該者に対して新型コロナウイルス感染症対応休業支援金を支給することを妨げるものではない。

7　第一項に規定する被保険者が、偽りその他不正の行為により新型コロナウイルス感染症対応休業支援金の支給を受け、又は受けようとしたときは、その日以後は新型コロナウイルス感染症対応休業支援金を支給しないものとする。

8　第一項に規定する被保険者は、新型コロナウイルス感染症対応休業支援金の支給を受けようとするときは、職業安定局長の定めるところにより、その事業主の適用事業の事業所の所在地を管轄する都道府県労働局長に対して、第三項の賃金日額の算定の基礎となる情報その他必要な事項を記載した申請に必要な書類を提出するものとする。

9　前項の書類の提出は、事業主を経由して行うことができる。

10　前各項に定める事項のほか、新型コロナウイルス感染症対応休業支援金の支給に関して必要な事項は、職業安定局長が定める。

【資料 18】労働基準法（昭和 22 年 4 月 7 日法律第 49 号）

（休業手当）
第二十六条　使用者の責に帰すべき事由による休業の場合においては、使用者は、

休業期間中当該労働者に、その平均賃金の百分の六十以上の手当を支払わなければならない。

【資料19】新型コロナウイルス感染症対応休業支援金・給付金支給実績（厚生労働省ホームページ）

期間（週）	支給申請件数（件）	累計	支給決定件数（件）	累計	支給決定額（千円）	累計
～ 7/16	4,134	4,134	0	0	0	0
7/17～ 7/23	12,760	16,894	817	817	101,127	101,127
7/24～ 7/30	19,636	36,530	2,830	3,647	315,625	416,752
7/31～ 8/ 6	23,057	59,587	10,811	14,458	950,330	1,367,083
8/ 7～ 8/13	27,367	86,954	12,601	27,059	1,043,777	2,410,860
8/14～ 8/20	33,784	120,738	18,207	45,266	1,523,262	3,934,122
8/21～ 8/27	44,763	165,501	22,854	68,120	1,910,355	5,844,477
8/28～ 9/ 3	50,847	216,348	24,285	92,405	1,906,183	7,750,659
9/ 4～ 9/10	49,515	265,863	29,265	121,670	2,295,847	10,046,506
9/11～ 9/17	55,072	320,942	33,810	155,480	2,563,110	12,609,616
9/18～ 9/24	50,631	371,573	21,578	177,058	1,601,547	14,211,163
9/25～10/ 1	93,826	465,399	34,889	211,947	2,555,610	16,766,772
10/ 2～10/ 8	37,976	503,375	51,749	263,696	3,952,523	20,719,296
10/ 9～10/15	46,931	550,306	56,213	319,909	4,298,704	25,018,000
10/16～10/22	38,847	589,153	58,663	378,572	4,328,230	29,346,230
10/23～10/29	27,635	616,788	56,338	434,910	4,270,180	33,616,410
10/30～11/ 5	23,349	640,137	40,865	475,775	3,112,148	36,728,557
11/ 6～11/12	21,031	661,168	44,599	520,374	3,558,148	40,286,705

【資料20】北岡寿逸（内務省社会局監督課長）「臨時工問題の帰趨」（『法律時報』第7巻第6号）

・・・臨時工の待遇は本来よりすれば臨時なるの故を以て賃金を高くすべき筈である。……然るに現在我国の一般の慣例に於て臨時工は常備職工より凡ての点に於て待遇の悪いのを常例とする。即ち賃銀は低く，共済組合には参加を認められず退職手当，期末賞与，昇給等も無きを通例とする。更に公休日を与へないとか，食事被服を支

給しないとか，日用品の実費購買，家族の実費診療，慰安会の参与，洗場の利用の如きを臨時工には認めないと云ふのがある。……然し初給が少くして昇給に依りて漸次給料の増加することは長く勤務することを前提として初めて是認せられる所であつて，同一業務同一程度の業務に於て臨時工が常備工より賃銀低く待遇の悪いことは合理的の理由のないこと〜日はなければならない。斯ふ考へて来ると最近に於ける臨時工の著しき増加に対して慄然として肌に粟の生ずるを覚える。

【資料21】昭和25年1月17日職発第49号「臨時内職的に雇用される者に対する失業保険法の適用に関する件」

　臨時内職的に雇用される者、例へば家庭の婦女子、アルバイト学生等であつて、次の各号のすべてに該当する者は、法第六条第一項の「労働者」とは認めがたく、又失業者となるおそれがなく、従つて本法の保護を受け得る可能性も少ないので、法第十条但書第二号中の「季節的に雇用される者」に準じ失業保険の被保険者としないこと。

　なお、これは家庭の婦女子、アルバイト学生等であれば、すべて適用を除外する意味ではなく、その者の労働の実態により判断すべきものであるから、念のため申し添える。

一、その者の受ける賃金を以て家計費或いは学資の主たる部分を賄わない者、即ち家計補助的、又は学資の一部を賄うに過ぎないもの。

二、反復継続して就労しない者であつて、臨時内職的に就労するに過ぎないもの。

【資料22】『新版雇用保険法コンメンタール』（平成16年11月、労務行政）

（ソ）短時間就労者

　短時間就労者（その者の1週間の所定労働時間が、同一の適用事業に雇用される通常の労働者の1週間の所定労働時間よりも短く、かつ、40時間未満である者をいう。）については、その者の労働時間、賃金その他の労働条件が就業規則（就業規則の作成義務が課されていない事業所にあっては、それに準ずる規程等）、雇用契約書、雇入通知書等に明確に定められていると認められる場合であって次のいずれにも該当するときに限り、被保険者として取り扱い、これに該当しない場合は、原則として、被保険者として取り扱わない。

①1週間の所定労働時間が20時間以上であること。

②反復継続して就労するものであること。

　本要件を満たすためには、1年以上引き続き雇用されることが見込まれること
を要するが、次の場合はこれに該当する。

㋑期間の定めがなく雇用される場合

㋺雇用期間が1年以上である場合

㋩短期の期間（1年未満の期間、例えば、三ヵ月、六ヵ月等）を定めて雇用され
　る場合であって、雇用契約においてその更新規定が設けられているとき（1年
　未満の雇止規定がある場合を除く）

㋥短期の期間（1年未満の期間、例えば、三ヵ月、六ヵ月等）を定めて雇用され
　る場合であって、雇入れの目的、当該事業所において同様の雇用契約に基づき
　雇用されている者の過去の就労実績等からみて、契約を1年以上にわたって反
　復更新することが見込まれるとき

　なお、当初の雇入れ時において、反復継続して雇用されることが必ずしも見込
まれない場合であっても、雇入れ後において引き続き雇用されることが見込まれ
ることとなった場合には、その時点から被保険者とする（当初の雇入れから1年
を経過した場合には、その後の1年間に離職することが確実である場合を除き、
その後1年間についても前の1年間と同様に雇用契約が反復継続することが見
込まれるものとして取り扱う）。

（ラ）派遣労働者

　一般労働者派遣事業（労働者派遣事業の適正な運営の確保及び派遣労働者の就
業条件の整備等に関する法律（昭和60年法律第88号）第3条に規定する一般
労働者派遣事業）に雇用される派遣労働者のうち常時雇用される労働者以外の者
については、次の(a)及び(b)のいずれにも該当する場合は、被保険者となる。
この場合、派遣労働者については、雇用関係は派遣先事業主との間ではなく、派
遣元事業主との間で生じるため、派遣元事業主との雇用関係に基づき被保険者と
するか否かの判断を行う。

　なお、一般労働者派遣事業に雇用される労働者のうち常時雇用される労働者及
び特定労働者派遣事業に雇用される労働者に係る判断については、派遣労働者以
外の労働者の場合と同様である。

(a) 反復継続して派遣就業するものであること。

　ここでいう「派遣就業する」とは、労働者派遣の対象となる者として雇用され
ているが、現に労働者派遣をされていないことを含む（派遣元事業に当該事業の
派遣労働者として登録しているが、雇傭関係の生じていない者はこれに当たらな

い。）。また、派遣労働者として雇用されているが、請負により行われる事業に従事するような場合も、これに該当する。

本要件を満たすためには、一の派遣元事業主に1年以上引き続き雇用されることが見込まれることを要するが、次の (i) 又は (ii) に該当する場合はこれに該当する。

(i) 一の派遣元事業主に1年以上引き続き雇用されることが見込まれるとき

(ii) 一の派遣元事業主との間の派遣就業に係る雇用契約の一つ一つが1年未満の短期間であって、一の雇用契約期間と次回の雇用契約期間（前の雇用契約期間に係る派遣先事業主の下での雇用契約期間に限らない。）との間に間隔が見込まれる場合であっても、その間隔が短く、その状態が通算して1年以上続く見込みがあるとき

次のような者は、これに該当する。

①雇用契約期間二ヵ月程度の派遣就業を一ヵ月程度以内の間隔で繰り返し行うこととなっている者

②雇用契約期間一ヵ月以内の派遣就業を数日以内の間隔で繰り返し行うこととなっている者

なお、当初の雇入れ時において反復継続して派遣就業することが必ずしも見込まれない場合であっても、雇入れ後において、1年以上引き続き雇用されることが見込まれることとなった場合には、その時点から被保険者とする（当初の雇入れから1年を経過した場合には、その後の1年間において離職することが確実である場合を除き、その後1年間についても前の1年間と同様に雇用契約が反復継続することが見込まれる者として取り扱う。）。

一方、次のいずれかに該当するような者は、「反復継続して派遣就業する者」には該当しない。

④期間を限って派遣就業することを希望する者

㋺その者の希望職種、技能等からみて期間を限った派遣就業しか見込みの立たない者

一の派遣元事業主に1年未満の短期の期間を限って雇用されることを希望する者や1年未満の短期の期間を限った雇用の見込みしか立たない者は、④又は㋺に該当するので、被保険者として取り扱わない。

(b)1週間の所定労働時間が20時間以上であること。

1週間の所定労働時間は、原則として、一の雇用契約ごとに、それぞれ算定するものであること。

【資料 23】雇用保険法等の一部を改正する法律（平成 22 年 3 月 31 日法律第 15 号）

（適用除外）

第六条　次に掲げる者については、この法律は、適用しない。

二　一週間の所定労働時間が二十時間未満である者（この法律を適用することとした場合において第四十三条第一項に規定する日雇労働被保険者に該当することとなる者を除く。）

三　同一の事業主の適用事業に継続して三十一日以上雇用されることが見込まれない者（前二月の各月において十八日以上同一の事業主の適用事業に雇用された者及びこの法律を適用することとした場合において第四十二条に規定する日雇労働者であつて第四十三条第一項各号のいずれかに該当するものに該当することとなる者を除く。）

四　季節的に雇用される者であつて、第三十八条第一項各号のいずれかに該当するもの

五　学校教育法（昭和二十二年法律第二十六号）第一条、第百二十四条又は第百三十四条第一項の学校の学生又は生徒であつて、前各号に掲げる者に準ずるものとして厚生労働省令で定める者

雇用保険法施行規則の一部改正（平成 22 年厚生労働省令第 54 号）

（法第六条第四号に規定する厚生労働省令で定める者）

第三条の二　法第六条第四号に規定する厚生労働省令で定める者は、次の各号に掲げる者以外の者とする。

一　卒業を予定している者であつて、適用事業に雇用され、卒業した後も引き続き当該事業に雇用されることとなつているもの

二　休学中の者

三　定時制の課程に在学する者

四　前三号に準ずる者として職業安定局長が定めるもの

【資料 24】昭和 31 年 7 月 10 日保文発第 5114 号

問 1(1) 事業所は県内各電報電話局

(2) 被保険者数　県内約二百名（電話交換手でパートタイム制を採用したもの全国で相当数あるものと思われる）

(3) 雇用契約関係について別添の通り

(4) 雇用条件　日々契約の二カ月契約

(5) 雇用期間　日雇とする。但し、双方いずれからも不継続の意思表示がない場合は、昭和　年　月　日まで特別に指示する日を除き同一条件の雇用が継続するものとする

(6) 始業及び終業の時刻　勤務時間は四時間とする。但し、時刻は各現場により多少相違がある。午前八時より午後十二時頃までである。

(7) 就業場所及び業務内容　各現場交換作業

(8) 給与　基本賃金は一時間三十八円から四十二円平均四十円とする。なお手当の支給は、臨時作業員給与規定の定めるところによる。

　右の雇用条件からして日雇労働者健康保険法第三条第一項に該当するものと思料されますが、当事業所にあっては所定の期間を超え引き続き使用する見込なるにより健康保険並びに厚生年金保険の適用をされるべきものとして届出があったが被保険者の勤務状態は週休制にして土曜日は二時間、その他は大体四時間勤務とし、賃金は時間計算によるものとし之が健康保険の標準報酬の基礎となる報酬月額は定められたる一時間三十八円より四十二円の範囲により各人ごとに定められるのであるが一日四時間分の賃金に勤務日数を乗じた額とすることは妥当でないと思われ（勤務時間後は他の適用外事業所で五時間働いている者もあり）同種の業務に携わる八時間勤務の者と同額とするのがむしろ適当と思料するが如何。

答1　電話交換手については、実体的に見て、二箇月間の雇傭契約を更新していくものと考えられるから、当初の二箇月間は、日雇労働者健康保険法第三条第一項第一号及び第六条の規定により同保険を適用し、その二箇月を超え引き続き使用されるに至った場合には健康保険法第十三条第二号及び第十三条ノ二第二号但書並びに厚生年金保険法第六条第一項第二号及び第十二条第三号但書の規定に基づき、その日から健康保険及び厚生年金保険を適用し、両保険の被保険者として取り扱うこととされたい。なお、この場合における標準報酬は、健康保険法第三条第三項第二号及び厚生年金保険法第二十二条第一項第二号の規定により算定すべきである。

【資料25】（いわゆる3課長内翰）

拝啓　時下益々御清祥のこととお慶び申し上げます。

　健康保険及び厚生年金保険の事業運営に当たっては平素から格段の御尽力をい

ただき厚くお礼申し上げます。

　さて、短時間就労者（いわゆるパートタイマー）にかかる健康保険及び厚生年金保険の被保険者資格の取扱いについては、各都道府県、社会保険事務所において、当該地方の実情等を勘案し、各個別に取扱基準を定めるなどによりその運用が行われているところです。

　もとより、健康保険及び厚生年金保険が適用されるべきか否かは、健康保険法及び厚生年金保険法の趣旨から当該就労者が当該事業所と常用的使用関係にあるかどうかにより判断すべきものですが、短時間就労者が当該事業所と常用的使用関係にあるかどうかについては、今後の適用に当たり次の点に留意すべきであると考えます。

　1　常用的使用関係にあるか否かは、当該就労者の労働日数、労働時間、就労
　　　形態、職務内容等を総合的に勘案して認定すべきものであること。

　2　その場合、1日又は1週の所定労働時間及び1月の所定労働日数が当該事
　　　業所において同種の業務に従事する通常の就労者の所定労働時間及び所定労
　　　働日数のおおむね4分の3以上である就労者については、原則として健康
　　　保険及び厚生年金保険の被保険者として取り扱うべきものであること。

　3　2に該当する者以外の者であっても1の趣旨に従い、被保険者として取り
　　　扱うことが適当な場合があると考えられるので、その認定に当たっては、当
　　　該就労者の就労の形態等個々具体的事例に即して判断すべきものであるこ
　　　と。

　なお、貴管下健康保険組合に対する周知方につきましても、併せて御配意願います。

　以上、要用のみ御連絡申し上げます。

敬具

昭和55年6月6日

厚生省保険局保険課長　川崎幸雄
社会保険庁医療保険部健康保険課長　内藤洌
社会保険庁年金保険部厚生年金保険課長　片山巌

都道府県民生主管部（局）保険課（部）長　殿

【資料 26】年金制度の機能強化のための国民年金法等の一部を改正する法律（令和 2 年 6 月 5 日法律第 40 号）

（公的年金制度の財政基盤及び最低保障機能の強化等のための国民年金法等の一部を改正する法律の一部改正）

第九条　公的年金制度の財政基盤及び最低保障機能の強化等のための国民年金法等の一部を改正する法律（平成二十四年法律第六十二号）の一部を次のように改正する。

附則第十七条第十二項中「五百人」を「百人」に改める。

附則第十七条の二に次の一項を加える。

2　令和六年度から令和九年度までの間における厚生年金保険法第四十三条の二の規定の適用については、同条第一項第二号イ中「及び年齢別構成」とあるのは、「、年齢別構成及び所定労働時間別構成（被保険者における特定適用事業所（公的年金制度の財政基盤及び最低保障機能の強化等のための国民年金法等の一部を改正する法律附則第十七条第十二項に規定する特定適用事業所をいい、当該特定適用事業所の事業主の一又は二以上の適用事業所に使用される特定労働者（同項に規定する特定労働者をいう。）の総数が五百人以下であるものに限る。）に使用される特定四分の三未満短時間労働者（同条第一項に規定する特定四分の三未満短時間労働者をいい、被保険者の資格を有する者に限る。）に相当する者又はその者以外の者の構成をいう。）」とする。

附則第四十六条第十二項中「五百人」を「百人」に改める。

【資料 27】雇用保険法施行規則の一部改正（令和 2 年 3 月 10 日厚生労働省令第 29 号）

（【資料 13】参照）

【資料 28】緊急雇用安定助成金支給要領（厚生労働省ホームページ）

職発 0310 第 2 号に基づく緊急特定地域特別雇用安定助成金（以下「助成金」という。）の支給についてはこの要領に定めるところによる。

0101　趣旨

　助成金は、新型コロナウイルス感染症（COVID-19 に限る。以下同じ。）の影響に伴い、経済上の理由により急激な事業活動の縮小を余儀なくされた場合等における失業の予防その他雇用の安定を図るため、その雇用する労働者について休業により雇用調整を行う事業主に対して助成及びを行うものである。

0303　対象労働者

　助成金を受けようとする事業所において雇用されている労働者であって、雇用保険の被保険者でない労働者をいう。ただし、次のイからホまでのいずれかに該当する者を除く。

イ　雇用関係の確認ができないもの

ロ　法人の取締役及び合名会社等の社員、監査役、協同組合等の社団又は財団の役員等

ハ　解雇を予告された者、退職願を提出した者又は事業主による退職勧奨に応じた者（当該解雇その他離職の日の翌日において安定した職業に就くことが明らかな者を除く。）

ニ　日雇労働者

ホ　地方公営企業法（昭和 27 年法律 292 号）第 2 条の規定の適用を受ける地方公共団体が経営する企業において、公務員の身分を有する者。

【資料 29】「学びの継続」のための『学生支援緊急給付金』の創設（文部科学省ホームページ）

　新型コロナウイルス感染症拡大による影響で、世帯収入の激減、アルバイト収入の激減・中止等学生生活にも経済的な影響が顕著となってきている。

　これら経済的困難な学生等に対しては、本年 4 月に開始した高等教育の修学支援新制度及び貸与型奨学金の家計急変対応や大学等に対する授業料納付の延期、各大学独自減免措置への支援等の対応をとってきているところ。

　一方で、新型コロナウイルス感染症拡大の影響で、更なる状況の悪化に伴い、特に家庭から自立した学生等において、大学等を中退せざるを得ないような事態も想定され、これに対する対応を早急に検討する必要あり。

　「学びの継続」のための『学生支援緊急給付金』の創設

背景・課題

○事業のポイント

　特に家庭から自立した学生等において、新型コロナウイルス感染症の影響によ

りアルバイトの減・解雇等突然の収入減による「学びの継続」の危機を抱える状況を踏まえ、より早く現金が手元に届くスピード重視の制度設計

　上記学生等を取り巻く経済環境の激変への対策とともに新型コロナウイルス感染症の長期化も見据えた「学びの継続」のためのこれまでの支援策との連携

　　◇対象学生：国公私立大学（大学院含む）・短大・高専・専門学校　※留学生を含む

（日本語教育機関を含む）

　家庭から自立してアルバイト収入により学費等を賄っている学生等で、今回の新型コロナウイルス感染症拡大の影響で当該アルバイト収入が大幅減少等することにより、大学等での修学の継続が困難になっているもの

　　◇対象者：約43万人

　　◇給付額：住民税非課税世帯の学生20万円、上記以外の学生10万円

　　◇所要額：約531億円

支援対象となる学生の要件

　本事業は、家庭から自立してアルバイト等により学費を賄っていることや、新型コロナウイルス感染症拡大の影響でその収入が大幅に減少していることなどの要件を設定していますが、最終的には、大学側が学生の自己申告状況等に基づき総合的に判断を行うこととしています。

1. 以下の①〜⑥を満たす者

(1) 家庭から自立してアルバイト収入で学費を賄っていること

　①家庭から多額の仕送りを受けていない

　②原則として自宅外で生活をしている（自宅生も可）

　③生活費・学費に占めるアルバイト収入の割合が高い

　④家庭の収入減少等により、家庭からの追加的給付が期待できない

(2) 新型コロナウイルス感染症拡大の影響で、その収入が大幅に減少していること

　⑤アルバイト収入が大幅に減少していること（▲50%以上）

(3) 既存の支援制度と連携を図り、長期的な視点からも「学びの継続」の確保を図っていること

　⑥原則として既存制度について以下のいずれかの条件を満たすこと

　イ）修学支援新制度の区分Ⅰ（住民税非課税世帯）の受給者（今後申請予定の者を含む。以下同じ）

　ロ）修学支援新制度の区分Ⅱ・Ⅲ（住民税非課税世帯に準ずる世帯）の受給者

であって、無利子奨学金を限度額（月額5~6万円）まで利用している者（今後利用予定の者を含む。以下同じ）

ハ）世帯所得が新制度の対象外であって、無利子奨学金を限度額まで利用している者

ニ）要件を満たさないため新制度又は無利子奨学金を利用できないが、民間等を含め申請可能な支援制度を利用している者

※留学生については⑥に代わり、日本学生支援機構の学習奨励費制度の要件等を踏まえることとする

イ）学業成績が優秀な者であること（前年度の成績評価係数が2.30以上）

ロ）出席率が8割以上であること

ハ）仕送りが平均月額90,000円以下であること（入学料・授業料等は含まない。）

ニ）在日している扶養者の年収が500万円未満であること

2. 1. を考慮した上で、経済的理由により大学等での修学の継続が困難であると大学等が必要性を認める者

【資料30】新型コロナウイルス感染症に感染した被用者に対する傷病手当金の支給等について（事務連絡令和2年3月10日）

厚生労働省保険局国民健康保険課

厚生労働省保険局高齢者医療課

医療保険制度の運営につきましては、平素より格別の御高配を賜り、厚く御礼申し上げます。

今般、「新型コロナウイルス感染症に関する緊急対応策―第2弾―」（令和2年3月10日新型コロナウイルス感染症対策本部決定）において、「国民健康保険及び後期高齢者医療において、新型コロナウイルス感染症に感染するなどした被用者に傷病手当金を支給する市町村等に対し、支給額全額について国が特例的な財政支援を行う」との記載が盛り込まれたところです。新型コロナウイルス感染症に感染した被用者（発熱等の症状があり感染が疑われる者も含む。以下同じ。）に対する傷病手当金の支給について、管内における感染状況等を踏まえ、市町村（特別区を含む。以下同じ。）、後期高齢者医療広域連合及び国民健康保険組合において御検討いただくようお願いしたいと考えております。

つきましては、下記のとおりとりまとめましたので、都道府県におかれては、管内市町村及び国民健康保険組合への周知をお願い申し上げます。

記

1 傷病手当金の支給については、市町村、後期高齢者医療広域連合又は国民健康保険組合は、条例又は規約の定めるところにより行うことができることとされているが（国民健康保険法（昭和33年法律第192号）第58条第2項及び高齢者の医療の確保に関する法律（昭和57年法律第80号）第86条第2項）、国内の感染拡大防止の観点から、新型コロナウイルス感染症に感染した被用者に対して別添のとおり傷病手当金を支給することについて検討いただきたいこと。

2 上記の傷病手当金の支給に要した費用については、市町村、後期高齢者医療広域連合及び国民健康保険組合への全額の財政支援を行う予定であること。

　この場合、支給額は給与収入の3分の2に相当する額とし、適用は本年9月30日までの間で療養のため労務に服することができない期間とするものであること。

3 上記の傷病手当金に対する財政支援の詳細や条例の改正例、事務処理等については、追ってお示しする予定であること。

【資料31】雇用保険法施行規則の一部改正（令和2年6月12日厚生労働省令第123号）

第十七条の二の四　第百十六条の両立支援等助成金として、同条に規定するもののほか、令和二年二月二十七日から同年九月三十日までの間における次項第一号イ又はロの有給休暇について、新型コロナウイルス感染症小学校休業等対応コース助成金を支給するものとする。

2　新型コロナウイルス感染症小学校休業等対応コース助成金は、第一号に該当する事業主に対して、第二号に定める額を支給するものとする。

一　次のいずれかに該当する事業主

イ　その雇用する被保険者が、学校教育法第一条に規定する小学校、義務教育学校（前期課程に限る。）、特別支援学校その他の雇用環境・均等局長が定める施設及び事業（ロにおいて「小学校等」という。）のうち、新型コロナウイルス感染症に関する対応として学校保健安全法（昭和三十三年法律第五十六号）第二十条に規定する臨時休業その他これに準ずる措置を講じたものに就学し、又はこれを利用している子どもの世話をその保護者として行うための有給休暇（労働基準法第三十九条の規定による年次有給休暇として与

えられるものを除く。以下この項において同じ。)の申出をした場合に、当該被保険者に対して有給休暇を取得させた事業主

ロ　その雇用する被保険者が、小学校等に就学し、又はこれを利用している子どもであつて、次のいずれかに該当することにより、校長が当該小学校等の出席を停止させ、若しくはこれに出席しなくてもよいと認めたもの又はこれを利用しないことが適当であるものの世話をその保護者として行うための有給休暇の申出をした場合に、当該被保険者に対して有給休暇を取得させた事業主

(1)　新型コロナウイルス感染症の病原体に感染したこと

(2)　新型コロナウイルス感染症の病原体に感染したおそれのあること

(3)　新型コロナウイルス感染症の病原体に感染した場合に重症化するおそれのある疾患を有すること

二　前号イ又はロの有給休暇に係る者一人につき、前号イ又はロの事業主が支払つた賃金の額に相当する額として雇用環境・均等局長の定める方法により算定した額(その額を当該賃金の支払の基礎となつた日数で除して得た額が基本手当日額の最高額を超えるときは、基本手当日額の最高額に当該日数を乗じて得た額)

3　令和二年四月一日から同年九月三十日までの間に前項第一号イ又はロの規定によりその雇用する被保険者に対して有給休暇を取得させた事業主に対する前項第二号の規定の適用については、同号中「基本手当日額の最高額を超えるときは、基本手当日額の最高額」とあるのは、「一万五千円を超えるときは、当該額」とする。

4　第二項の規定にかかわらず、新型コロナウイルス感染症小学校休業等対応コース助成金は、国等に対しては、支給しないものとする。

5　第百二十条の二及び第百四十条の三の規定は、新型コロナウイルス感染症小学校休業等対応コース助成金について準用する。この場合において、第百二十条の二第一項中「雇用関係助成金関係規定」とあるのは「附則第十七条の二の四第二項の規定」と、「雇用関係助成金は」とあるのは「新型コロナウイルス感染症小学校休業等対応コース助成金は」と、「事業主又は事業主団体」とあるのは「事業主」と、「支給しないものとする」とあるのは「支給しないものとする。ただし、雇用環境・均等局長が必要があると認めるときは、別段の定めをすることができる」と、同条第二項中「雇用関係助成金関係規定」とあるのは「附則第十七条の二の四第二項の規定」と、「雇用関係助成金は」とある

のは「新型コロナウイルス感染症小学校休業等対応コース助成金は」と、「事業主又は事業主団体の」とあるのは「事業主の」と、「事業主又は事業主団体に」とあるのは「事業主に」と、「支給しないものとする」とあるのは「支給しないものとする。ただし、雇用環境・均等局長が必要があると認めるときは、別段の定めをすることができる」と、同条第三項中「雇用関係助成金関係規定」とあるのは「附則第十七条の二の四第二項の規定」と、「という。）又は訓練を行つた機関（以下「訓練機関」という。）」とあるのは「という。）」と、「代理人等又は訓練機関」とあるのは「代理人等」と、「雇用関係助成金に」とあるのは「新型コロナウイルス感染症小学校休業等対応コース助成金に」と、「雇用関係助成金は」とあるのは「新型コロナウイルス感染症小学校休業等対応コース助成金は」と、「事業主又は事業主団体に」とあるのは「事業主に」と、第百四十条の三第一項中「第百二十条に規定する雇用関係助成金及び第百三十九条の四第一項に規定する雇用関係助成金」とあるのは「新型コロナウイルス感染症小学校休業等対応コース助成金」と、「二割」とあるのは「二割（附則第十七条の二の四第五項の規定により読み替えて準用する第百二十条の二の規定に基づく雇用環境・均等局長の別段の定めにより附則第十七条の二の四第二項の規定による支給を受ける場合については、二倍）」と、同条第二項中「代理人等又は訓練機関」とあるのは「代理人等」と、「雇用関係助成金」とあるのは「新型コロナウイルス感染症小学校休業等対応コース助成金」と読み替えるものとする。

【資料32】家内労働法（昭和45年5月16日法律第60号）

（目的）

第一条　この法律は、工賃の最低額、安全及び衛生その他家内労働者に関する必要な事項を定めて、家内労働者の労働条件の向上を図り、もつて家内労働者の生活の安定に資することを目的とする。

2　この法律で定める家内労働者の労働条件の基準は最低のものであるから、委託者及び家内労働者は、この基準を理由として労働条件を低下させてはならないことはもとより、その向上を図るように努めなければならない。

（定義）

第二条　この法律で「委託」とは、次に掲げる行為をいう。

一　他人に物品を提供して、その物品を部品、附属品若しくは原材料とする物

　品の製造又はその物品の加工、改造、修理、浄洗、選別、包装若しくは解体
　（以下「加工等」という。）を委託すること。
　二　他人に物品を売り渡して、その者がその物品を部品、附属品若しくは原材
　　料とする物品を製造した場合又はその物品の加工等をした場合にその製造又
　　は加工等に係る物品を買い受けることを約すること。
2　この法律で「家内労働者」とは、物品の製造、加工等若しくは販売又はこれ
　らの請負を業とする者その他これらの行為に類似する行為を業とする者であつ
　て労働省令で定めるものから、主として労働の対償を得るために、その業務の
　目的物たる物品（物品の半製品、部品、附属品又は原材料を含む。）について
　委託を受けて、物品の製造又は加工等に従事する者であつて、その業務につい
　て同居の親族以外の者を使用しないことを常態とするものをいう。
3　この法律で「委託者」とは、物品の製造、加工等若しくは販売又はこれらの
　請負を業とする者その他前項の労働省令で定める者であつて、その業務の目的
　物たる物品（物品の半製品、部品、附属品又は原材料を含む。）について家内
　労働者に委託するものをいう。
4　この法律で「補助者」とは、家内労働者の同居の親族であつて、当該家内労
　働者の従事する業務を補助する者をいう。
5　この法律で「工賃」とは、次に掲げるものをいう。
　一　第一項第一号に掲げる行為に係る委託をする場合において物品の製造又は
　　加工等の対償として委託者が家内労働者に支払うもの
　二　第一項第二号に掲げる行為に係る委託をする場合において同号の物品の買
　　受けについて委託者が家内労働者に支払うものの価額と同号の物品の売渡し
　　について家内労働者が委託者に支払うものの価額との差額
（工賃の支払）
第六条　工賃は、労働省令で定める場合を除き、家内労働者に、通貨でその全額
　を支払わなければならない。
2　工賃は、労働省令で定める場合を除き、委託者が家内労働者の製造又は加工
　等に係る物品についての検査（以下「検査」という。）をするかどうかを問わず、
　委託者が家内労働者から当該物品を受領した日から起算して一月以内に支払わ
　なければならない。
　　ただし、毎月一定期日を工賃締切日として定める場合は、この限りでない。
　この場合においては、委託者が検査をするかどうかを問わず、当該工賃締切日
　までに受領した当該物品に係る工賃を、その日から一月以内に支払わなければ

ならない。

（工賃の支払場所等）

第七条　委託者は、家内労働者から申出のあつた場合その他特別の事情がある場合を除き、工賃の支払及び物品の受渡しを家内労働者が業務に従事する場所において行なうように努めなければならない。

（最低工賃）

第八条　労働大臣又は都道府県労働基準局長は、一定の地域内において一定の業務に従事する工賃の低廉な家内労働者の労働条件の改善を図るため必要があると認めるときは、中央家内労働審議会又は地方家内労働審議会（地方家内労働審議会を置かない都道府県労働基準局にあつては、当該都道府県労働基準局に置かれている地方最低賃金審議会。第二十一条第二項において同じ。）（以下第十一条までにおいて「審議会」という。）の調査審議を求め、その意見を尊重して、当該業務に従事する家内労働者及びこれに委託をする委託者に適用される最低工賃を決定することができる。

2　労働大臣又は都道府県労働基準局長は、前項の審議会の意見の提出があつた場合において、その意見により難いと認めるときは、理由を付して、審議会に再審議を求めなければならない。

【資料33】自営型テレワークの適正な実施のためのガイドライン（平成30年2月2日雇均発0202第1号）

第1　趣旨

　このガイドラインは、自営型テレワークの契約に係る紛争を未然に防止し、かつ、自営型テレワークを良好な就業形態とするために、自営型テレワークの契約条件の文書明示や契約条件の適正化等について必要な事項を示すものである。

　また、契約の当事者だけでなく、契約を締結する際に仕事の仲介事業を行う者も契約に様々な影響を与えうることから、契約に係る紛争を未然に防止する観点等から、当該者が留意すべき事項も併せて示すものである。

　自営型テレワークの仕事を注文する者及び仲介事業を行う者は、契約を締結するに当たっては、第3に示す内容を守ることが求められる。…

【資料 34】 労働基準法（昭和 22 年法律第 49 号）

（請負事業に関する例外）

第八十七条　厚生労働省令で定める事業が数次の請負によつて行われる場合においては、災害補償については、その元請負人を使用者とみなす。

　　前項の場合、元請負人が書面による契約で下請負人に補償を引き受けさせた場合においては、その下請負人もまた使用者とする。但し、二以上の下請負人に、同一の事業について重複して補償を引き受けさせてはならない。

　　前項の場合、元請負人が補償の請求を受けた場合においては、補償を引き受けた下請負人に対して、まづ催告すべきことを請求することができる。ただし、その下請負人が破産手続開始の決定を受け、又は行方が知れない場合においては、この限りでない。

【資料 35】 労働者災害補償保険法の一部を改正する法律（昭和 40 年 6 月 11 日法律第 130 号）

第四章の四　特別加入

第三十四条の十一　次の各号に掲げる者（労働者である者を除く。）の業務災害に関しては、この章に定めるところによる。

　一　労働省令で定める数以下の労働者を使用する事業（労働省令で定める事業を除く。）の事業主で労災保険事務組合に労災保険事務の処理を委託するものである者（事業主が法人その他の団体であるときは、代表者）

　二　前号の事業主が行なう事業に従事する者

　三　労働省令で定める種類の事業を労働者を使用しないで行なうことを常態とする者

　四　前号の者が行なう事業に従事する者

　五　労働省令で定める種類の作業に従事する者

第三十四条の十二　前条第一号の事業主が、同号及び同条第二号に掲げる者を包括して当該事業について第二章の規定により成立する保険関係に基づきこの保険による保険給付を受けることができる者とすることにつき申請をし、政府の承認があつたときは、第三章、第四章（第三十条の四を除く。）及び前章の規定の適用については、次の各号に定めるところによる。

　一　前条第一号及び第二号に掲げる者は、当該事業に使用される労働者とみなす。

二　前条第一号又は第二号に掲げる者が業務上負傷し、若しくは疾病にかかつたとき、その負傷若しくは疾病についての療養のため当該事業に従事することができないとき、その負傷若しくは疾病がなおつた場合において身体に障害が存するとき、又は業務上死亡したときは、労働基準法第七十五条から第七十七条まで、第七十九条及び第八十条に規定する災害補償の事由が生じたものとみなす。

三　前条第一号及び第二号に掲げる者の給付基礎日額は、当該事業に使用される労働者の賃金の額その他の事情を考慮して労働大臣が定める額とする。

四　前条第一号又は第二号に掲げる者の事故が、同条第一号の事業主の故意若しくは重大な過失によつて生じたものであるとき、又は保険料が滞納されている期間中に生じたものであるときは、政府は、当該事故に係る保険給付の全部又は一部を行なわないことができる。

前条第一号の事業主は、前項の承認があつた後においても、政府の承認を受けて、同号及び同条第二号に掲げる者を包括して保険給付を受けることができる者としないこととすることができる。

政府は、前条第一号の事業主がこの法律又はこれに基づく労働省令の規定に違反したときは、第一項の承認を取り消すことができる。

前条第一号及び第二号に掲げる者の保険給付を受ける権利は、第二項の規定による承認又は前項の規定による第一項の承認の取消しによつて変更されない。これらの者が同条第一号及び第二号に掲げる者でなくなつたことによつても、同様とする。

第三十四条の十三　第三十四条の十一第三号に掲げる者の団体又は同条第五号に掲げる者の団体が、当該団体の構成員である同条第三号に掲げる者及びその者に係る同条第四号に掲げる者又は当該団体の構成員である同条第五号に掲げる者に関してこの保険の適用を受けることにつき申請をし、政府の承認があつたときは、第二章から第四章まで（第二十七条、第三十条の二及び第三十条の四を除く。）及び前章の規定の適用については、次の各号に定めるところによる。

一　当該団体は、第三条第二項の任意適用事業及びその事業主とみなす。

二　当該申請は、保険加入の申込みとみなし、また、当該承認は、保険加入の申込みに対する政府の承諾とみなす。

三　当該団体に係る第三十四条の十一第三号から第五号までに掲げる者は、第一号の任意適用事業に使用される労働者とみなす。

四　当該団体の解散は、事業の廃止とみなす。

五　前条第一項第二号の規定は、第三十四条の十一第三号から第五号までに掲げる者に係る保険給付の事由について準用する。この場合において同条第五号に掲げる者に関しては、前条第一項第二号中「業務上」とあるのは「当該作業により」と、「当該事業」とあるのは「当該作業」と読み替えるものとする。

六　第三十四条の十一第三号から第五号までに掲げる者の給付基礎日額は、当該事業と同種若しくは類似の事業又は当該作業と同種若しくは類似の作業を行なう事業に使用される労働者の賃金の額その他の事情を考慮して労働大臣が定める額とする。

七　第三十四条の十一第三号から第五号までに掲げる者の事故が、保険料が滞納されている期間中に生じたものであるときは、政府は、当該事故に係る保険給付の全部又は一部を行なわないことができる。

八　当該団体についての保険料率は、第三十四条の十一第三号の事業と同種若しくは類似の事業又は同条第五号の作業と同種若しくは類似の作業を行なう事業についての災害率その他の事情を考慮して労働大臣が定める。

　一の団体に係る第三十四条の十一第三号から第五号までに掲げる者として前項第三号の規定により労働者とみなされている者は、同一の種類の事業又は同一の種類の作業に関しては、他の団体に関し重ねて同号の規定により労働者とみなされることはない。

　政府は、第一項の団体がこの法律又はこれに基づく労働省令の規定に違反したときは、当該団体についての保険関係を消滅させることができる。

　第三十四条の十一第三号から第五号までに掲げる者の保険給付を受ける権利は、同条第三号又は第五号に掲げる者が第一項の団体から脱退することによつて変更されない。同条第三号から第五号までに掲げる者がこれらの規定に掲げる者でなくなつたことによつても、同様とする。

第三十四条の十四　この章の定めるもののほか、第三十四条の十一各号に掲げる者の業務災害に関し必要な事項は、労働省令で定める。

【資料36】建設業の一人親方問題に関する検討会設置趣旨（令和2年6月25日）

　国土交通省においては、老後の生活や怪我時の保障など技能者に対する処遇改善の観点に加え、法定福利費を適正に負担する企業による公平・健全な競争環境の整備という観点から、平成24年度から本格的に社会保険加入対策を推進して

きたところであり、近年では、企業単位・技能者単位ともに他業種とも遜色ない水準まで加入率が上昇しているなど、一定の効果を上げている。

一方で、社会保険加入対策を強化すればするほど、法定福利費等の諸経費の削減を意図して、技能者の個人事業主化（いわゆる一人親方化）が進んでいるという懸念も生じているところである。

国土交通省では従来から、ガイドライン等において、「事業主が労務関係諸経費の削減を意図して、これまで雇用関係にあった労働者を対象に個人事業主として請負契約を結ぶことは、たとえ請負契約の形式であっても実態が雇用労働者であれば、偽装請負として職業安定法等の労働関係法令に抵触するおそれがある」として指導を行ってきたところである。

しかしながら、社会保険加入対策の強化を始め、労働基準法令規制強化の影響もあり、業界関係者等からは、実態として規制逃れを目的とした一人親方化が進んでおり、早急に必要な対策を講ずるべきといった意見も多数寄せられているところである。

こうしたことを踏まえ、「建設業社会保険推進・処遇改善連絡協議会」の下に「建設業の一人親方問題に関する検討会」を新たに設置し、職種ごとの一人親方の実態把握、規制逃れを目的とした一人親方化対策、その他一人親方の処遇改善対策等の諸課題について、実効性のある施策の検討・推進を図ることとする。

【資料 37】労働基準法研究会報告（労働基準法の「労働者」の判断基準について）（昭和 60 年 12 月 19 日）

第 1　労働基準法の「労働者」の判断

1　労働基準法第 9 条は、その適用対象である「労働者」を「使用される者で、賃金を支払われる者をいう」と規定している。これによれば、「労働者」であるか否か、すなわち「労働者性」の有無は「使用される＝指揮監督下の労働」という労務提供の形態及び「賃金支払」という報酬の労務に対する対償性、すなわち報酬が提供された労務に対するものであるかどうかということによって判断されることとなる。この二つの基準を総称して、「使用従属性」と呼ぶこととする。

2　しかしながら、現実には、指揮監督の程度及び態様の多様性、報酬の性格の不明確さ等から、具体的事例では、「指揮監督下の労働」であるか、「賃金支払」が行われているかということが明確性を欠き、これらの基準によって「労働者

性」の判断をすることが困難な場合がある。このような限界的事例については、「使用従属性」の有無、すなわち「指揮監督下の労働」であるか、「報酬が賃金として支払われている」かどうかを判断するに当たり、「専属度」、「収入額」等の諸要素をも考慮して、総合判断することによって「労働者性」の有無を判断せざるを得ないものと考える。

3　なお、「労働者性」の有無を法律、制度等の目的、趣旨と相関させて、ケース・バイ・ケースで「労働者」であるか否かを判断する方法も考え得るが、少なくとも、労働基準関係法制については、使用従属の関係にある労働者の保護を共通の目的とするものであり、また、全国画一的な監督行政を運営していく上で、「労働者」となったり、ならなかったりすることは適当でなく、共通の判断によるべきものであろう。

第2　「労働者性」の判断基準

　以上のように「労働者性」の判断に当たっては、雇用契約、請負契約といった形式的な契約形式のいかんにかかわらず、実質的な使用従属性を、労務提供の形態や報酬の労務対償性及びこれらに関連する諸要素をも勘案して総合的に判断する必要がある場合があるので、その具体的判断基準を明確にしなければならない。

　この点については、現在の複雑な労働関係の実態のなかでは、普遍的な判断基準を明示することは、必ずしも容易ではないが、多数の学説、裁判例等が種々具体的判断基準を示しており、次のように考えるべきであろう。

1　「使用従属性」に関する判断基準

(1)　「指揮監督下の労働」に関する判断基準

　労働が他人の指揮監督下において行われているかどうか、すなわち他人に従属して労務を提供しているかどうかに関する判断基準としては、種々の分類があり得るが、次のように整理することができよう。

イ　仕事の依頼、業務従事の指示等に対する諾否の自由の有無

　「使用者」の具体的な仕事の依頼、業務従事の指示等に対して諾否の自由を有していれば、他人に従属して労務を提供するとは言えず、対等な当事者間の関係となり、指揮監督関係を否定する重要な要素となる。

　これに対して、具体的な仕事の依頼、業務従事の指示等に対して拒否する自由を有しない場合は、一応、指揮監督関係を推認させる重要な要素となる。なお、当事者間の契約によっては、一定の包括的な仕事の依頼を受諾した以上、当該包括的な仕事の一部である個々具体的な仕事の依頼については拒否する自由が当然制限される場合があり、また、専属下請のように事実上、仕事の依頼

を拒否することができないという場合もあり、このような場合には、直ちに指揮監督関係を肯定することはできず、その事実関係だけでなく、契約内容等も勘案する必要がある。

ロ　業務遂行上の指揮監督の有無

（イ）　業務の内容及び遂行方法に対する指揮命令の有無

　業務の内容及び遂行方法について「使用者」の具体的な指揮命令を受けていることは、指揮監督関係の基本的かつ重要な要素である。しかしながら、この点も指揮命令の程度が問題であり、通常注文者が行う程度の指示等に止まる場合には、指揮監督を受けているとは言えない。なお、管弦楽団員、バンドマンの場合のように、業務の性質上放送局等「使用者」の具体的な指揮命令になじまない業務については、それらの者が放送事業等当該事業の遂行上不可欠なものとして事業組織に組み入れられている点をもって、「使用者」の一般的な指揮監督を受けていると判断する裁判例があり、参考にすべきであろう。

（ロ）　その他

　そのほか、「使用者」の命令、依頼等により通常予定されている業務以外の業務に従事することがある場合には、「使用者」の一般的な指揮監督を受けているとの判断を補強する重要な要素となろう。

ハ　拘束性の有無

　勤務場所及び勤務時間が指定され、管理されていることは、一般的には、指揮監督関係の基本的な要素である。しかしながら、業務の性質上（例えば、演奏）、安全を確保する必要上（例えば、建設）等から必然的に勤務場所及び勤務時間が指定される場合があり、当該指定が業務の性質等によるものか、業務の遂行を指揮命令する必要によるものかを見極める必要がある。

ニ　代替性の有無 - 指揮監督関係の判断を補強する要素 -

　本人に代わって他の者が労務を提供することが認められているか否か、また、本人が自らの判断によって補助者を使うことが認められているか否か等労務提供に代替性が認められているか否かは、指揮監督関係そのものに関する基本的な判断基準ではないが、労務提供の代替性が認められている場合には、指揮監督関係を否定する要素のひとつとなる。

（2）　報酬の労務対償性に関する判断基準

　労働基準法第11条は、「賃金とは、賃金、給料、手当、賞与その他名称の如何を問わず、労働の対償として使用者が労働者に支払うすべてのものをいう。」と規定している。すなわち、使用者が労働者に対して支払うものであって、

労働の対償であれば、名称の如何を問わず「賃金」である。この場合の「労働の対償」とは、結局において「労働者が使用者の指揮監督の下で行う労働に対して支払うもの」と言うべきものであるから、報酬が「賃金」であるか否かによって逆に「使用従属性」を判断することはできない。

　しかしながら、報酬が時間給を基礎として計算される等労働の結果による較差が少ない、欠勤した場合には応分の報酬が控除され、いわゆる残業をした場合には通常の報酬とは別の手当が支給される等報酬の性格が使用者の指揮監督の下に一定時間労務を提供していることに対する対価と判断される場合には、「使用従属性」を補強することとなる。

2　「労働者性」の判断を補強する要素

　前述のとおり、「労働者性」が問題となる限界的事例については、「使用従属性」の判断が困難な場合があり、その場合には、以下の要素をも勘案して、総合判断する必要がある。

（1）　事業者性の有無

　労働者は機械、器具、原材料等の生産手段を有しないのが通例であるが、最近におけるいわゆる傭車運転手のように、相当高価なトラック等を所有して労務を提供する例がある。このような事例については、前記1の基準のみをもって「労働者性」を判断することが適当でなく、その者の「事業者性」の有無を併せて、総合判断することが適当な場合もある。

イ　機械、器具の負担関係

　本人が所有する機械、器具が安価な場合には問題はないが、著しく高価な場合には自らの計算と危険負担に基づいて事業経営を行う「事業者」としての性格が強く、「労働者性」を弱める要素となるものと考えられる。

ロ　報酬の額

　報酬の額が当該企業において同様の業務に従事している正規従業員に比して著しく高額である場合には、上記イと関連するが、一般的には、当該報酬は、労務提供に対する賃金ではなく、自らの計算と危険負担に基づいて事業経営を行う「事業者」に対する代金の支払と認められ、その結果、「労働者性」を弱める要素となるものと考えられる。

ハ　その他

　以上のほか、裁判例においては、業務遂行上の損害に対する責任を負う、独自の商号使用が認められている等の点を「事業者」としての性格を補強する要素としているものがある。

(2) 専属性の程度

特定の企業に対する専属性の有無は、直接に「使用従属性」の有無を左右するものではなく、特に専属性がないことをもって労働者性を弱めることとはならないが、「労働者性」の有無に関する判断を補強する要素のひとつと考えられる。

イ　他社の業務に従事することが制度上制約され、また、時間的余裕がなく事実上困難である場合には、専属性の程度が高く、いわゆる経済的に当該企業に従属していると考えられ、「労働者性」を補強する要素のひとつと考えて差し支えないであろう。なお、専属下請のような場合については、上記1(1)イと同様留意する必要がある。

ロ　報酬に固定給部分がある、業務の配分等により事実上固定給となっている、その額も生計を維持しうる程度のものである等報酬に生活保障的な要素が強いと認められる場合には、上記イと同様、「労働者性」を補強するものと考えて差し支えないであろう。

(3) その他

以上のほか、裁判例においては、①採用、委託等の際の選考過程が正規従業員の採用の場合とほとんど同様であること、②報酬について給与所得としての源泉徴収を行っていること、③労働保険の適用対象としていること、④服務規律を適用していること、⑤退職金制度、福利厚生を適用していること等「使用者」がその者を自らの労働者と認識していると推認される点を「労働者性」を肯定する判断の補強事由とするものがある。

【資料38】成長戦略実行計画（令和2年7月17日閣議決定）

2. フリーランスの環境整備

フリーランスについては、内閣官房において、関係省庁と連携し、本年2月から3月にかけて、一元的に実態を把握するための調査を実施した。その上で、当該調査結果に基づき、全世代型社会保障検討会議において、政策の方向性について検討し、以下の結論を得た。

多様な働き方の拡大、ギグエコノミーの拡大による高齢者雇用の拡大、健康寿命の延伸、社会保障の支え手・働き手の増加などの観点からも、個人がフリーランスを選択できる環境を整える必要がある。

さらに、新型コロナウイルス感染症の感染拡大に伴い、フリーランスとして働

く人に大きな影響が生じており、発注のキャンセル等が発生する中、契約書面が交付されていないため、仕事がキャンセルになったことを証明できない、といった声もある。

こうした状況も踏まえ、フリーランスとして安心して働ける環境を整備するため、政府として一体的に、以下の保護ルールの整備を行う。

(1) 実効性のあるガイドラインの策定

①基本的考え方

独占禁止法は、取引の発注者が事業者であれば、相手方が個人の場合でも適用されることから、事業者とフリーランス全般との取引に適用される。また、下請代金支払遅延等防止法は、取引の発注者が資本金 1,000 万円超の法人の事業者であれば、相手方が個人の場合でも適用されることから、一定の事業者とフリーランス全般との取引に適用される。このように、事業者とフリーランス全般との取引には独占禁止法や下請代金支払遅延等防止法を広く適用することが可能である。他方で、これまでは、働き方に関して、特に独占禁止法については、その適用には慎重であった。

この点、公正取引委員会がこのような従来の姿勢を変更していることも踏まえ、フリーランスとの取引について、独占禁止法や下請代金支払遅延等防止法の適用に関する考え方を整理し、ガイドライン等により明確にする必要がある。

他方、これらの法律の適用に加えて、フリーランスとして業務を行っていても、実質的に発注事業者の指揮命令を受けて仕事に従事していると判断される場合など、現行法上「雇用」に該当する場合には、労働関係法令が適用される。こうした法令の適用関係を明らかにするとともに、独占禁止法、下請代金支払遅延等防止法、労働関係法令に基づく問題行為を明確化するため、実効性があり、一覧性のあるガイドラインについて、内閣官房、公正取引委員会、中小企業庁、厚生労働省連名で年内を目途に案を作成し、意見公募手続を開始する。

②ガイドラインの方向性

連名のガイドラインの具体的な内容として、以下の点を検討する。

(現行法上「雇用」に該当する場合)

フリーランスとして業務を行っていても、(a) 実質的に発注事業者の指揮監督下で仕事に従事しているか、(b) 報酬の労務対償性があるか、(c) 機械、器具の負担関係や報酬の額の観点から見て事業者性がないか、(d) 専属性があるか、などを総合的に勘案して、現行法上「雇用」に該当する場合には、契約形態にかかわらず、独占禁止法等に加え、労働関係法令が適用されることを明確化する。

5. 柔軟な働き方がしやすい環境整備

(2) 非雇用型テレワークのガイドライン刷新と働き手への支援

事業者と雇用契約を結ばずに仕事を請け負い、自宅等で働くテレワークを「非雇用型テレワーク」という。インターネットを通じた仕事の仲介事業であるクラウドソーシングが急速に拡大し、雇用契約によらない働き方による仕事の機会が増加している。こうした非雇用型テレワークの働き手は、仕事内容の一方的な変更やそれに伴う過重労働、不当に低い報酬やその支払い遅延、提案形式で仮納品した著作物の無断転用など、発注者や仲介事業者との間で様々なトラブルに直面している。

非雇用型テレワークを始めとする雇用類似の働き方が拡大している現状に鑑み、その実態を把握し、政府は有識者会議を設置し法的保護の必要性を中長期的課題として検討する。

また、仲介事業者を想定せず、働き手と発注者の相対契約を前提としている現行の非雇用型テレワークの発注者向けガイドラインを改定し、仲介事業者が一旦受注して働き手に再発注する際にも当該ガイドラインを守るべきことを示すとともに、契約文書のない軽易な取引や著作物の仮納品が急増しているなどクラウドソーシングの普及に伴うトラブルの実態を踏まえ、仲介手数料や著作権の取扱の明示など、仲介事業者に求められるルールを明確化し、その周知徹底及び遵守を図る。

加えて、働き手へのセーフティネットの整備や教育訓練等の支援策について、官民連携した方策を検討し実施する。

【資料 40】雇用類似の働き方に係る論点整理等に関する検討会中間整理（令和元年 6 月 28 日）

1. 雇用類似就業者に関する試算

・・・調査結果（速報）では、調査内容 8 にて把握された条件に基づき、「発注者から仕事の委託を受け、主として個人で役務を提供し、その対償として報酬を得る者」については、「全体」で見ると、約 228 万人（本業：約 169 万人、副業：約 59 万人）と試算されている。

報告書においては、対象者の視点として、情報の質及び量の格差や交渉力格差

等も指摘されており、上記の約 228 万人のうち、「主に「事業者」を直接の取引先とする者」である約 170 万人（本業：約 130 万人、副業：約 40 万人）が、よりこの視点に近いものと考えられる。

【資料 41】雇用類似の働き方に係る論点整理等に関する検討会中間整理（令和元年 6 月 28 日）

第 3　雇用類似の働き方に関する保護等の在り方について

1. 総論

(1) 基本的な考え方について

　請負契約等と称していても、発注者との関係において実質的には指揮命令を受けて仕事に従事し、その対償として報酬を得ることにより労働基準法上の労働者性（以下「労働者性」という。）が認められる場合には、労働基準法上の労働者として、個別的労働関係法令の対象となることは当然であり、引き続き、こうした考えに基づき厳格に運用していくとともに、必要な情報提供の充実を図るべきである。一方で、客観的に労働者性が認められず、自営業者である者のうちでも、労働者と類似した働き方をする者については、労働政策上の保護を検討すべきという指摘がある。

　現在の労働者性が認められない者について労働政策上の保護の在り方を検討する場合の検討の視点として、大きく、①：労働者性を拡張して保護を及ぼす方法、②：自営業者のうち保護が必要な対象者を、労働者と自営業者との間の中間的な概念として定義し、労働関係法令の一部を適用する方法、③：労働者性を広げるのではなく、自営業者のうち一定の保護が必要な人に、保護の内容を考慮して別途必要な措置を講じる方法が考えられる。

この点に関しては、

- 現在の労働者性の判断基準のままでよいかどうか、諸外国の動きも見据えつつ検討していくべきであり、中長期的な課題として認識すべき
- 仮に労働者性を見直す場合、見直した後の労働者性の考慮要素は、雇用類似の働き方として保護すべき対象者の考慮要素と重なる部分もあると考えられるが、その場合にも雇用類似という観点からの保護の必要性があると考えられる者の中になお労働者性が認められない者も残ると考えられるため、まずは「雇用類似」という観点から検討すべき
- 労働者性を拡張すると労働関係法令が一律に適用されることとなるが、それ

が望ましいかどうかも合わせて検討すべきではないか
- 労働者性の拡張は、「自営業者」か「労働者」かの基本構造部分を変更するものであり、短期的に結論を得ることは困難
- まずは③の方法により、保護が必要な人に必要な措置を講じることから検討し、それが拡大していけば、②、①の方法による対応と結果として同じ状況へと収斂していくこともあり得るのではないか

といった意見があった。

　働き方が多様化している経済実態を踏まえて、指揮命令を中心とした現在の労働者性が適当であるかを念頭に置いておくことは必要であり、継続して検討すべき課題である。もっとも、労働者性の見直しは、これまでの労働者性の判断基準を抜本的に再検討することとなるため、諸外国の例等を踏まえて幅広く検討を重ねていくことが必要な課題であることから、新たな判断基準について短期的に結論を得ることは困難と考えられる。このため、経済実態に適合した労働者性の在り方については継続的な検討課題としつつ、雇用類似の働き方に関する論点について対応の方向性をできる限り速やかに取りまとめる観点から、本検討会の中では、当面は、自営業者であって、労働者と類似した働き方をする者を中心に検討することが適当である。

　その際には、当該者に対する保護の必要性に関する考え方の整理が必要であり、例えば、本検討会で指摘された交渉力や情報の質及び量の格差の存在、労働者と同様、他人を使用せず個人で働き、その対価として報酬を得て生活している者であるといった観点、自営業者の中でもより労働者に近い者であるといった点も含め、引き続き検討が必要である。

【資料 42】カリフォルニア州労働法典の一部改正 (2019 年 9 月)

第 2750 条の 3

第 (a) 項 (1)　本法典及び失業保険法典の規定並びに産業福祉委員会の賃金命令において、報酬を得るために労働又は役務を提供する者は、以下のすべての要件を充たすことを使用主体が証明しない限り、独立請負業者ではなく被用者であるとみなされる。

(A)　その者が労務の遂行に関連して、労務遂行契約上もかつ実態においても、使用主体の管理と指揮から自由であること。

(B)　その者が、使用主体の事業の通常の過程以外の労務を遂行すること。

(C) その者が、遂行した労務と同じ性質の独立した職業、業務、事業に慣習的に従事していること。

【資料43】新型コロナウイルス感染症による小学校休業等対応支援金（委託を受けて個人で仕事をする方向け）支給要領

2 支給対象者

支援金の支給対象者は、次の (1) から (6) のいずれにも該当する保護者とする。

(1) 次の①又は②のいずれかに該当する者であること。

①小学校等のうち、コロナウイルス感染症に関する対応として「新型コロナウイルス感染症に対応した学校再開ガイドライン」（令和2年3月24日文部科学省。以下「ガイドライン」という。）等に基づき、学校保健安全法（昭和33年法律第56号）第20条に規定する臨時休業その他これに準ずる措置を講じたものに就学し、又はこれを利用している子どもの世話をした者

※臨時休業その他これに準ずる措置（以下「臨時休業」という。）とは、次に掲げるものである。

a 小学校等がガイドライン等に基づき臨時休業や当該施設又は事業所利用の停止を行うこと。

b 地方公共団体、施設の設置者又は事業者から当該施設又は事業の利用を控えるよう依頼すること。

c 特定の子どもについて、小学校等がコロナウイルス感染症に関連して出席しなくてもよいと認めること。

②小学校等に就学又はこれを利用している子どもであって、次のいずれかに該当し、小学校等から登校等の自粛等が認められた子どもの世話をした者

ア コロナウイルス感染症に感染した子ども

イ コロナウイルス感染症に感染したおそれのある子ども

ウ 医療的ケアが日常的に必要な子ども又はコロナウイルス感染症に感染した場合に重症化するリスクの高い基礎疾患等を有する子ども

(2) 上記 (1) の①については臨時休業の前に、上記 (1) の②については子どもの世話を行う前に、次の①から③のいずれにも該当する契約を発注者と締結していること。

①業務委託契約等に基づく業務遂行等に対して報酬が支払われていること。

②発注者が存在し、業務従事・業務遂行の態様、業務の場所・日時等について、

当該発注者から一定の指定を受けていること。

③報酬が時間を基礎として計算されるなど、業務遂行に要する時間や業務遂行の結果に個人差が少ないことを前提とした報酬形態となっていること。

(3) 臨時休業が講じられた期間及び上記 (1) の②の措置 (以下「臨時休業措置」という。) に係る上記 (2) の契約について、上記 (1) の子どもの世話を行うために、発注者との業務委託契約等に基づく仕事を取りやめていること。

　　なお、上記 (1) の①の保護者については、小学校等が臨時休業を講じた期間に係る仕事を当該子どもの世話を行うために取りやめた場合が支給対象となる。このため、春休み期間、夏休み期間、土曜日・日曜日・祝祭日など小学校等が元々休みの日に仕事を取りやめても、支援金の支給対象とはならないこと。

上記 (1) の②の保護者については、小学校等が元々休みの日であるか否かにかかわらず、当該子どもの世話を行うために仕事を取りやめた日が支援金の支給対象となること。

(4) 雇用保険被保険者でないこと。

(5) 労働者を使用する事業主でないこと。

(6) 国家公務員又は地方公務員でないこと。

【資料44】生活困窮者自立支援法施行規則の一部改正（令和2年厚生労働省令第86号）

（法第三条第三項に規定する厚生労働省令で定める事由）

第三条　法第三条第三項に規定する厚生労働省令で定める事由は、次に掲げる事由とする。

一　事業を行う個人が当該事業を廃止した場合

二　就業している個人の給与その他の業務上の収入を得る機会が当該個人の責めに帰すべき理由又は当該個人の都合によらないで減少し、当該個人の就労の状況が離職又は前号の場合と同等程度の状況にある場合

【資料45】所得税法（昭和22年法律第27号）

（事業所得）

第二十七条　事業所得とは、農業、漁業、製造業、卸売業、小売業、サービス業

その他の事業で政令で定めるものから生ずる所得（山林所得又は譲渡所得に該当するものを除く。）をいう。

2　事業所得の金額は、その年中の事業所得に係る総収入金額から必要経費を控除した金額とする。

（給与所得）

第二十八条　給与所得とは、俸給、給料、賃金、歳費及び賞与並びにこれらの性質を有する給与（以下この条において「給与等」という。）に係る所得をいう。

2　給与所得の金額は、その年中の給与等の収入金額から給与所得控除額を控除した残額とする。

所得税に係る基本通達

204-22　外交員又は集金人がその地位に基づいて保険会社等から支払を受ける報酬又は料金については、次に掲げる場合に応じ、それぞれ次による。

(1)　その報酬又は料金がその職務を遂行するために必要な旅費とそれ以外の部分とに明らかに区分されている場合　　法第9条第1項第4号《非課税所得》に掲げる金品に該当する部分は非課税とし、それ以外の部分は給与等とする。

(2)　(1)以外の場合で、その報酬又は料金が、固定給（一定期間の募集成績等によって自動的にその額が定まるもの及び一定期間の募集成績等によって自動的に格付される資格に応じてその額が定めるものを除く。以下この項において同じ。）とそれ以外の部分とに明らかに区分されているとき。　　固定給（固定給を基準として支給される臨時の給与を含む。）は給与等とし、それ以外の部分は法第204条第1項第4号に掲げる報酬又は料金とする。

(3)　(1)及び(2)以外の場合　　その報酬又は料金の支払の基因となる役務を提供するために要する旅費等の費用の額の多寡その他の事情を総合勘案し、給与等と認められるものについてはその総額を給与等とし、その他のものについてはその総額を法第204条第1項第4号に掲げる報酬又は料金とする。

【資料46】労働者と自営業者の社会保障アクセス勧告(2019年11月8日)(COUNCIL RECOMMENDATION of 8 November 2019 on access to social protection for workers and the self-employed)

1.加盟国は以下を勧告される。

1.1　社会保護制度を編成する加盟国の権限に抵触しない限り、本勧告に沿って加盟国内の全ての労働者及び自営業者に対し十分な社会保護へのアクセスを提供すること。・・・

3. 本勧告は次の各号に適用する。

　3.1　一方の地位から他の地位へ移行する者や社会保護のカバーするリスクの発生によってその就業が中断する者を含め、労働者及び自営業者。

　3.2　加盟国で規定されている限り次の社会保護分野。

　　(a) 失業給付、

　　(b) 疾病・治療給付、

　　(c) 出産関係給付、

　　(d) 障害給付、

　　(e) 老齢・遺族給付、

　　(f) 労災・職業病給付。

4. 本勧告は、社会扶助及び最低所得制度には適用しない。

【資料 47】労働基準法の一部を改正する法律（昭和 62 年 9 月 26 日法律第 99 号）

第三十八の二　労働者が労働時間の全部又は一部について事業場外で業務に従事した場合において、労働時間を算定し難いときは、所定労働時間労働したものとみなす。ただし、当該業務を遂行するためには通常所定労働時間を超えて労働することが必要となる場合においては、当該業務に関しては、命令で定めるところにより、当該業務の遂行に通常必要とされる時間労働したものとみなす。

②　前項ただし書の場合において、当該業務に関し、当該事業場に、労働者の過半数で組織する労働組合があるときはその労働組合、労働者の過半数で組織する労働組合がないときは労働者の過半数を代表する者との書面による協定があるときは、その協定で定める時間を同項ただし書の当該業務の遂行に通常必要とされる時間とする。

③　使用者は、命令で定めるところにより、前項の協定を行政官庁に届け出なければならない。

④　使用者が、当該事業場に、労働者の過半数で組織する労働組合があるときはその労働組合、労働者の過半数で組織する労働組合がないときは労働者の過半数を代表する者との書面による協定により、研究開発の業務その他の業務（当該業務の性質上その遂行の方法を大幅に当該業務に従事する労働者の

裁量にゆだねる必要があるため、当該業務の遂行の手段及び時間配分の決定等に関し具体的な指示をしないこととするものとして当該協定で定める業務に限る。）に従事する労働者の労働時間の算定については当該協定で定めるところによることとする旨を定めた場合において、労働者を当該業務に就かせたときは、当該労働者は、命令で定めるところにより、その協定で定める時間労働したものとみなす。

⑤　第三項の規定は、前項の協定について準用する。

【資料48】昭和63年1月1日基発第1号、婦発第1号「改正労働基準法の施行について」

3　労働時間の算定

(1)　事業場外労働に関するみなし労働時間制

イ　趣旨

　事業場外で労働する場合で、使用者の具体的な指揮監督が及ばず、労働時間の算定が困難な業務が増加していることに対応して、当該業務における労働時間の算定が適切に行われるように法制度を整備したものであること。

ロ　事業場外労働の範囲

　事業場外労働に関するみなし労働時間制の対象となるのは、事業場外で業務に従事し、かつ、使用者の具体的な指揮監督が及ばず、労働時間を算定することが困難な業務であること。したがって、次の場合のように、事業場外で業務に従事する場合であっても、使用者の具体的な指揮監督が及んでいる場合については、労働時間の算定が可能であるので、みなし労働時間制の適用はないものであること。

①　何人かのグループで事業場外労働に従事する場合で、そのメンバーの中に労働時間の管理をする者がいる場合

②　事業場外で業務に従事するが、無線やポケットベル等によって随時使用者の指示を受けながら労働している場合

③　事業場において、訪問先、帰社時刻等当日の業務の具体的指示を受けたのち、事業場外で指示どおりに業務に従事し、その後事業場にもどる場合

ハ　事業場外労働における労働時間の算定方法

（イ）　原則

　労働時間の全部又は一部について事業場外で業務に従事した場合において、

労働時間を算定し難いときは、所定労働時間労働したものとみなされ、労働時間の一部について事業場内で業務に従事した場合には、当該事業場内の労働時間を含めて、所定労働時間労働したものとみなされるものであること。

（ロ） 当該業務を遂行するためには通常所定労働時間を超えて労働することが必要となる場合

　　当該業務を遂行するためには通常所定労働時間を超えて労働することが必要となる場合には、当該業務の遂行に通常必要とされる時間労働したものとみなされ、労働時間の一部について事業場内で業務に従事した場合には、当該事業場内の労働時間と事業場外で従事した業務の遂行に必要とされる時間とを加えた時間労働したものとみなされるものであること。なお、当該業務の遂行に通常必要とされる時間とは、通常の状態でその業務を遂行するために客観的に必要とされる時間であること。

（ハ） 労使協定が締結された場合

（ロ）の当該業務の遂行に通常必要とされる時間については、業務の実態が最もよくわかっている労使間で、その実態を踏まえて協議した上で決めることが適当であるので、労使協定で労働時間を定めた場合には、当該時間を、当該業務の遂行に通常必要とされる時間とすることとしたものであること。

　　また、当該業務の遂行に通常必要とされる時間は、一般的に、時とともに変化することが考えられるものであり、一定の期間ごとに協定内容を見直すことが適当であるので、当該協定には、有効期間の定めをすることとしたものであること。

　　なお、突発的に生ずるものは別として、常態として行われている事業場外労働であって労働時間の算定が困難な場合には、できる限り労使協定を結ぶよう十分指導すること。

ニ　みなし労働時間制の適用範囲

　　みなし労働時間制に関する規定は、法第四章の労働時間に関する規定の範囲に係る労働時間の算定について適用されるものであり、第六章の年少者及び第六章の二の女子の労働時間に関する規定に係る労働時間の算定については適用されないものであること。

　　また、みなし労働時間制に関する規定が適用される場合であっても、休憩、深夜業、休日に関する規定の適用は排除されないものであること。

ホ　労使協定の届出

　　事業場外労働のみなし労働時間制に関する労使協定は、規則様式第一二号に

より所轄労働基準監督署長に届け出なければならないものであること。ただし、協定で定める時間が法定労働時間以下である場合には、届け出る必要がないものであること。

なお、事業場外労働のみなし労働時間制に関する労使協定の内容を規則様式第九号の二により法第三六条の規定による届出に付記して届け出ることもできるものであること。

労使協定の届出の受理に当たっては、協定内容をチェックし、必要に応じて的確に指導すること。

また、事業場外労働のみなし労働時間制に関する労使協定の締結に当たっては、事業場外労働のみなし労働時間制の対象労働者の意見を聴く機会が確保されることが望ましいことはいうまでもなく、その旨十分周知すること。

【資料49】平成16年3月5日基発第0305001号「情報通信機器を活用した在宅勤務に関する労働基準法第38条の2の適用について」

平成16年2月5日付け京労発基第35号（別紙甲）をもってりん伺のあった標記について、下記のとおり回答する。

記

貴見のとおり。

ただし、例えば、労働契約において、午前中の9時から12時までを勤務時間とした上で、労働者が起居寝食等私生活を営む自宅内で仕事を専用とする個室を確保する等、勤務時間帯と日常生活時間帯が混在することのないような措置を講ずる旨の在宅勤務に関する取決めがなされ、当該措置の下で随時使用者の具体的な指示に基づいて業務が行われる場合については、労働時間を算定し難いとは言えず、事業場外労働に関するみなし労働時間制は適用されないものである。

平成16年2月5日京労発基第35号「情報通信機器を活用した在宅勤務に関する労働基準法第38条の2の適用について」

今般、在宅勤務に関し、下記のとおり労働基準法第38条の2の適用に係る疑義が生じましたので、御教示願います。

記

次に掲げるいずれの要件をも満たす形態で行われる在宅勤務（労働者が自宅で情報通信機器を用いて行う勤務形態をいう。）については、原則として、労働基

準法第 38 条の 2 に規定する事業場外労働に関するみなし労働時間制が適用され
るものと解してよろしいか。

① 当該業務が、起居寝食等私生活を営む自宅で行われること。

② 当該情報通信機器が、使用者の指示により常時通信可能な状態におくことと
されていないこと。

③ 当該業務が、随時使用者の具体的な指示に基づいて行われていないこと。

**【資料 50】平成 16 年 3 月 5 日基発第 0305003 号「情報通信機器を活用した在宅
勤務の適切な導入及び実施のためのガイドライン」**

(2) 労働基準法上の注意点

　ア　労働条件の明示

　　使用者は、労働契約を締結する者に対し在宅勤務を行わせることとする場合
においては、労働契約の締結に際し、就業の場所として、労働者の自宅を明示
しなければならない（労働基準法施行規則第 5 条第 2 項）。

　イ　労働時間

　　在宅勤務については、事業主が労働者の私生活にむやみに介入すべきではな
い自宅で勤務が行われ、労働者の勤務時間帯と日常生活時間帯が混在せざるを
得ない働き方であることから、一定の場合には、労働時間を算定し難い働き方
として、労働基準法第 38 条の 2 で規定する事業場外労働のみなし労働時間制
（以下「みなし労働時間制」という。）を適用することができる（平成 16 年 3
月 5 日付け基発第 0305001 号「情報通信機器を活用した在宅勤務に関する労
働基準法第 38 条の 2 の適用について」）。

　　在宅勤務についてみなし労働時間制が適用される場合は、在宅勤務を行う労
働者は就業規則等で定められた所定労働時間により勤務したものとみなされる
こととなる。業務を遂行するために通常所定労働時間を超えて労働することが
必要となる場合には、当該必要とされる時間労働したものとみなされ、労使の
書面による協定があるときには、協定で定める時間を通常必要とされる時間と
し、当該協定を労働基準監督署長へ届け出ることが必要となる（労働基準法第
38 条の 2）。

　　在宅勤務についてみなし労働時間制を適用する場合であっても、労働したも
のとみなされる時間が法定労働時間を超える場合には、時間外労働に係る三六
協定の締結、届出及び時間外労働に係る割増賃金の支払いが必要となり、また、

現実に深夜に労働した場合には、深夜労働に係る割増賃金の支払いが必要となる（労働基準法第36条及び第37条）。

　このようなことから、労働者は、業務に従事した時間を日報等において記録し、事業主はそれをもって在宅勤務を行う労働者に係る労働時間の状況の適切な把握に努め、必要に応じて所定労働時間や業務内容等について改善を行うことが望ましい。

【資料51】労働市場改革専門調査会第2次報告（平成19年9月21日）

テレワーク（在宅勤務）促進のための労働法制の見直し

1. はじめに

　労働力人口が傾向的に減少するなかで、従来の長時間労働を前提とした働き方を見直し、時間当たりの生産性を高めることが、新しい成長戦略の大きな柱となっている。また、働く意思と能力を持ちながら、様々な制約の下でそれが実現できない人々に対して、就業支援を行い、就業と家事・子育て等とを両立させることで、ワーク・ライフ・バランスを実現することも重要な政策課題となっている。

　なかでも、家事や子育て等の場である自宅を勤務場所とするテレワーク（在宅勤務）は、労働者にとって、単に通勤時間の節約だけでなく、働く時間と場所の選択肢を拡げるとともに、自律的な働き方ができる。また、仕事と子育て等との両立を図れることで、就業を中断することなく続けるための手段としても、その意義は大きいといえる。

　他方、近年における情報機器の発展や通信コストの低下に伴って、オフィス内でも働き方の個人化が進んでおり、働く場所の選択肢の拡大を可能とする条件が整備されつつある。それにもかかわらず、同じ事業所内で同一時間帯に働く労働者を使用者が管理することを前提とした労働基準法等の労働関係法令を在宅勤務にもそのまま適用しなければならないとすれば、多様な働き方の選択肢を拡大することができないことになる。

　たしかに、現行法上、在宅勤務については、外勤の営業担当者等に適用される「事業場外労働（労働基準法38条の2）」の一種として、一定の要件を満たす場合には「みなし労働時間制」の適用が認められているが、在宅勤務に対応した具体的な要件の内容は必ずしも明確にはなっていない。また、仮に在宅勤務について、労働時間のみなしが認められるとしても、深夜業および休日労働に関する規制については、その適用を免れないという問題もある。

さらに、現行の事業場外労働に関する労働時間のみなし制度は、あくまでも労働時間の算定が困難であることを前提とした例外的な制度であり、仕事と生活時間の配分の決定等が大幅に労働者の裁量に委ねられている在宅勤務については「便法」の域を出ないものとなっており、こうした在宅勤務の特色に即したより柔軟な労働時間規制が求められる。

2. 在宅勤務導入のメリット・ディメリット

　何らかの形で在宅勤務を実施している企業を対象としたアンケートを行った内閣府の委託調査によれば、現在行われている在宅勤務には、以下のような特徴が見られる。

- 育児・介護等の特定の事由に対象を限定している場合と、業務内容が自律的に個人で可能な全社員を対象とする場合とがある。
- 部分在宅と完全在宅とがあるが、少なくとも週1日程度は出社という場合が多い。
- 業務報告は、電話やメール等を用いて業務の開始や終了時に上司に連絡している。
- PC等の機器は、情報管理の観点からも会社が貸与している。

企業から見た在宅勤務制度導入の利点としては、以下の点が挙げられる。

①多様な人材の活用が可能

- 育児に関わる女性社員の離職・人材流出の防止、社員の仕事への意欲向上
- 会社の社会的イメージの向上、質の高い人材の確保
- 育児休業や育児休業に代わる短時間勤務の取得期間の短縮化
- 障害等の身体的な制約を持つ社員や地方に在住する社員の活用

②労働生産性の向上・コスト削減

- 通勤時間の削減による疲労の軽減・時間的な余裕の増加
- 自律的な働き方が求められることによる時間管理能力の向上

他方、在宅勤務制度の問題点としては、以下の点が挙げられる。

- 上司とのコミュニケーションの機会の制約（とくに若手社員）
- 仕事と仕事外の時間が混在する場合には、残業時間との線引きが困難
- 在宅で長時間労働が発生した場合における社員の健康面での配慮
- 労働災害が生じた場合の労災保険の適用に関わる問題点

3. 在宅勤務に関するみなし労働時間制の適用要件の明確化

　現在、在宅勤務について、事業場外労働に関するみなし労働時間制の適用が認められるためには、原則として、次のような要件を充足しなければならないとさ

れている（平成 16 年 3 月 5 日基発 0305001 号）。

①当該業務が、自宅で行われること

②情報通信機器が、使用者の指示により常時通信可能な状態におくこととされていないこと

③当該業務が、随時使用者の具体的な指示に基づいて行われていないこと

しかし、上記の各要件も明確とは言い難い。特に要件②及び③は、自宅における労働時間の算定が困難とされるための判断基準として、昭和 63 年の行政通達（昭和 63 年 1 月 1 日基発 1 号）を参考にしつつ定められたものであるが、この通達は、その当時の一般的な通信機器であった無線・ポケットベル等を想定したものであり、その後の情報通信機器の進歩等と整合的ではないことから、必ずしもその内容が明確とはいえない。このため、以下の点について、さらに明確化を図る必要がある。

(1) ①に関して、在宅勤務の要件として、とくに自宅内に仕事専用の個室を設ける必要はないこと。

(2) ②に関連して「情報通信機器が、使用者の指示により常時通信可能な状態におくこととされて」いる場合とは、情報通信機器が常時通信可能な状態（オンライン状態）にあるだけではなく、その通信機器を用いて使用者が随時、業務に関する具体的な指示を労働者に対して行うことが予定され，かつ、労働者もその指示に即応できるような状態にある場合（いわゆる「手待ち時間」に当たる場合）を指すこと。

　　したがって、仮に終日、情報通信機器が接続可能な状態にあっても、在宅勤務の労働者の勤務状況を使用者が常時監督するための手段（例えば TV カメラ等）が設置されておらず、労働者が自由に持ち場（端末の前）を離れることのできるような状況にあれば、当該要件を充足するものとなること。

(3) ③に関連して、使用者が随時行う具体的な指示とは、一般的な指示（業務目標や期限など）ではなく，業務遂行の方法や時間配分に関する具体的指示であること，また「随時」とは，その頻度にもよるが、例えば朝夕に指示があるだけであれば、具体的な指示があったとはいえず、当該要件を充足するものとなること。

　　以上のような解釈を、厚生労働省として明確に示すことが必要である。なお、在宅勤務中の自発的労働が、労基法上の「労働時間」に当たるかどうかについても、解釈通達等により明確化し、関係者の予測可能性を増大させることが望ましい。

ただし、この適用要件自体は、もともと地方労働局から本省への照会への回答として示されたものであり、回答内容が必要条件か十分条件かも明確ではない。

4. 在宅勤務の法制に関する今後の検討課題

　在宅勤務は工場やオフィス等における通常の労働とは異なり、時間的・場所的拘束性の弱い働き方である。このため、仕事と生活時間の配分の自由度が高く、通勤に伴う肉体的・精神的負担もないという点で、子育て中の女性や、高齢者・身障者等の就業機会の拡大に貢献できる優れた働き方であるといえる。また、在宅勤務を部分的に導入した企業の経験等からも、自律的な働き方を通じて労働生産性の向上に寄与したことが報告されている。

　もっとも、既に在宅勤務の実績がある企業の例でも、在宅勤務の回数は週に1~2回程度で、それ以外はオフィスでの通常勤務というように、在宅勤務と通常勤務の混合形態を採用するところが多く、本格的な在宅勤務の実施とは程遠いのが現状である。また、在宅勤務における労働時間の管理についても、毎日、始業及び終業の時刻を上司に電話等で報告する等、オフィス内での働き方と基本的に変わらない方法を採用しているところが少なくない。これは会社内での働き方が、個人を単位とする成果主義に基づくものになっておらず、勤務実態の評価（＝勤務時間の長さ）が重視されることや、効率的な仕事の配分や進め方が十分に定着していないこと等から、在宅勤務が補助的な手段としてしか使われていないことも、その一因であるように思われる。

　さらに、現行の労働時間規制は、使用者による現認等の方法による時間管理を原則とし、それができない場合に限定して、例外的にみなし労働時間制の適用を認めるという考え方を採用しており、このような労働時間規制のあり方も大きく影響を与えているものと考えられる。

　仮に、こうした労働時間の規制においても、より自由度の高い働き方が認められれば、在宅勤務をさらに活用する余地が拡がる可能性がある。健康確保への配慮がなされ、時間配分の決定が労働者の裁量に委ねられているのであれば、所定労働日や昼間を家事や子育て等に充てる一方で、週末の休日や深夜に働くといった働き方も、一概にこれを否定すべきではない。

　もっとも、在宅勤務であっても健康確保措置として休日は重要である。このため、労働時間が過長なものとならないための手段を講じた上で、労使協定により所定休日よりも柔軟な休日の取り方を認めることや、深夜業についても、健康確保措置の内容として、一日の拘束時間の総量を含む在宅勤務の具体的な内容（対

象業務，労働者の範囲，みなし労働時間など）を労使協定等で定めた場合には、いつ（何曜日にどの時間帯で何時間）働くかは、労働者の裁量に委ねるという働き方を認めるような取扱いが考えられてよい。今後の発展が期待される新しい働き方である在宅勤務に関しては、そうした労働者の自由度の高い働き方にふさわしい法制上の工夫を検討する必要があるといえよう。

　今後の在宅勤務に係る労働時間法制を検討する際の方向性としては、上記2のように「労働時間」の解釈基準を明確化することがまず実際的な方策となるが、そのほかに、在宅勤務については

(1) 事業場外労働のみなし制の特例として構成する

(2) 裁量労働のみなし制の新たなタイプとして構成する（この場合、「時間の配分の決定等が大幅に労働者の裁量に委ねられている」か否かが重要になる）

(3) 独自のみなし労働制や、それ以外の新たな労働時間制度の一種として構成する

などの多様な選択肢が考えられる。

　在宅勤務は、労働者にとってワーク・ライフ・バランスを実現できるだけでなく、自由で多様な働き方を通じて、創造性豊かな付加価値の高い仕事を可能とするものであり、幅広い視野からこれを促進するよう法制面での検討が求められる。

【資料52】平成20年7月28日基発第0728002号「情報通信機器を活用した在宅勤務に関する労働基準法第38条の2の適用について」

　平成16年2月5日付け京労発第35号（別紙甲）をもってりん伺のあった標記について、下記のとおり回答する。

記

　貴見のとおり。

　なお、この場合において、「情報通信機器」とは、一般的にはパソコンが該当すると考えられるが、労働者の個人所有による携帯電話端末等が該当する場合もあるものであり、業務の実態に応じて判断されるものであること。

　「使用者の指示により常時」とは、労働者が自分の意思で通信可能な状態を切断することが使用者から認められていない状態の意味であること。

　「通信可能な状態」とは、使用者が労働者に対して情報通信機器を用いて電子メール、電子掲示板等により随時具体的指示を行うことが可能であり、かつ、使用者から具体的指示があった場合に労働者がそれに即応しなければならない状態

（即ち、具体的な指示に備えて手待ち状態で待機しているか、又は待機しつつ実作業を行っている状態）の意味であり、これ以外の状態、例えば、単に回線が接続されているだけで労働者が情報通信機器から離れることが自由である場合等は「通信可能な状態」に当たらないものであること。

「具体的な指示に基づいて行われる」には、例えば、当該業務の目的、目標、期限等の基本的事項を指示することや、これらの基本的事項について所要の変更の指示をすることは含まれないものであること。

また、自宅内に仕事を専用とする個室を設けているか否かにかかわらず、みなし労働時間制の適用要件に該当すれば、当該制度が適用されるものである。

【資料 53】平成 20 年 7 月 28 日基発第 0728001 号「情報通信機器を活用した在宅勤務の適切な導入及び実施のためのガイドラインの改訂について」

イ　労働時間

（ア）在宅勤務については、事業主が労働者の私生活にむやみに介入すべきではない自宅で勤務が行われ、労働者の勤務時間帯と日常生活時間帯が混在せざるを得ない働き方であることから、一定の場合には、労働時間を算定し難い働き方として、労働基準法第 38 条の 2 で規定する事業場外労働のみなし労働時間制（以下「みなし労働時間制」という。）を適用することができる（平成 16 年 3 月 5 日付け基発第 0305001 号「情報通信機器を活用した在宅勤務に関する労働基準法第 38 条の 2 の適用について」。（参考）参照）。

在宅勤務についてみなし労働時間制が適用される場合は、在宅勤務を行う労働者が就業規則等で定められた所定労働時間により勤務したものとみなされることとなる。業務を遂行するために通常所定労働時間を超えて労働することが必要となる場合には、当該必要とされる時間労働したものとみなされ、労使の書面による協定があるときには、協定で定める時間が通常必要とされる時間とし、当該労使協定を労働基準監督署長へ届け出ることが必要となる（労働基準法第 38 条の 2）。

（イ）在宅勤務についてみなし労働時間制を適用する場合であっても、労働したものとみなされる時間が法定労働時間を超える場合には、時間外労働に係る三六協定の締結、届出及び時間外労働に係る割増賃金の支払いが必要となり、また、現実に深夜に労働した場合には、深夜労働に係る割増賃金の支払いが必要となる（労働基準法第 36 条及び第 37 条）。

　このようなことから、労働者は、業務に従事した時間を日報等において記録し、事業主はそれをもって在宅勤務を行う労働者に係る労働時間の状況の適切な把握に努め、必要に応じて所定労働時間や業務内容等について改善を行うことが望ましい。

　なお、みなし労働時間制が適用されている労働者が、深夜又は休日に業務を行った場合であっても、少なくとも、就業規則等により深夜又は休日に業務を行う場合には事前に申告し使用者の許可を得なければならず、かつ、深夜又は休日に業務を行った実績について事後に使用者に報告しなければならないとされている事業場において、深夜若しくは休日の労働について労働者からの事前申告がなかったか又は事前に申告されたが許可を与えなかった場合であって、かつ、労働者から事後報告がなかった場合について、次のすべてに該当する場合には、当該労働者の深夜又は休日の労働は、使用者のいかなる関与もなしに行われたものであると評価できるため、労働基準法上の労働時間に該当しないものである。

[1]　深夜又は休日に労働することについて、使用者から強制されたり、義務付けられたりした事実がないこと。

[2]　当該労働者の当日の業務量が過大である場合や期限の設定が不適切である場合など、深夜又は休日に労働せざるを得ないような使用者からの黙示の指揮命令があったと解し得る事情がないこと。

[3]　深夜又は休日に当該労働者からメールが送信されていたり、深夜又は休日に労働しなければ生み出し得ないような成果物が提出された等、深夜又は休日労働を行ったことが客観的に推測できるような事実がなく、使用者が深夜・休日の労働を知り得なかったこと。

　ただし、上記の事業場における事前許可制及び事後報告制については、以下の点をいずれも満たしていなければならない。

[1]　労働者からの事前の申告に上限時間が設けられていたり労働者が実績どおりに申告しないよう使用者から働きかけや圧力があったなど、当該事業場における事前許可制が実態を反映していないと解し得る事情がないこと。

[2]　深夜又は休日に業務を行った実績について、当該労働者からの事後の報告に上限時間が設けられていたり労働者が実績どおりに報告しないように使用者から働きかけや圧力があったなど、当該事業場における事後報告制が実態を反映していないと解し得る事情がないこと。

【資料 54】国家戦略特別区域法及び構造改革特別区域法の一部を改正する法律（平成 29 年法律第 71 号）

（情報通信技術を利用した事業場外勤務の活用のための事業主等に対する援助）

第三十七条の二　国及び関係地方公共団体は、国家戦略特別区域において、情報通信技術利用事業場外勤務（在宅勤務その他の労働者が雇用されている事業場における勤務に代えて行う事業場外における勤務であって、情報通信技術を利用して行うものをいう。以下この項において同じ。）の活用を支援することにより、産業の国際競争力の強化又は国際的な経済活動の拠点の形成に資する事業の円滑な展開を図るため、国家戦略特別区域内に事業場を有する事業主若しくは国家戦略特別区域内に新たに事業場を設置する事業主又はこれらの事業主が雇用する労働者に対し、情報通信技術利用事業場外勤務に関する情報の提供、相談、助言その他の援助を行うものとする。

2　第三十六条の二第二項から第四項までの規定は、前項の規定により国及び関係地方公共団体が援助を行う場合について準用する。この場合において、同条第二項中「前項」とあり、及び同条第三項中「第一項」とあるのは、「第三十七条の二第一項」と読み替えるものとする。

【資料 55】働き方改革実行計画（平成 29 年 3 月 28 日働き方改革実現会議決定）

5. 柔軟な働き方がしやすい環境整備

(1) 雇用型テレワークのガイドライン刷新と導入支援

　事業者と雇用契約を結んだ労働者が自宅等で働くテレワークを「雇用型テレワーク」という。近年、モバイル機器が普及し、自宅で働く形態だけでなく、サテライトオフィス勤務やモバイル勤務といった新たな形態のテレワークが増加している。このような実態に合わせ、これまでは自宅での勤務に限定されていた雇用型テレワークのガイドラインを改定し、併せて、長時間労働を招かないよう、労働時間管理の仕方も整理する。

　具体的には、在宅勤務形態だけでなく、サテライトオフィス勤務やモバイル勤務を、雇用型テレワーク普及に向けた活用方法として追加する。

　テレワークの導入に当たっては、労働時間の管理を適切に行うことが必要であるが、育児や介護などで仕事を中抜けする場合の労働時間の取扱や、半日だけテレワークする際の移動時間の取扱方法が明らかにされていない。このため、企業

がテレワークの導入に躊躇することがないよう、フレックスタイム制や通常の労働時間制度における中抜け時間や移動時間の取扱や、事業場外みなし労働時間制度を活用できる条件などを具体的に整理するなど、その活用方法について、働く実態に合わせて明確化する。

また、長時間労働を防止するため、深夜労働の制限や深夜・休日のメール送付の抑制等の対策例を推奨する。

あわせて、Wi-fi やクラウド環境、スマートフォンやタブレットの普及など近年の ICT 利用環境の進展や、サテライトオフィス勤務やモバイル勤務の実態を踏まえ、テレワーク導入時に必要なセキュリティ面の対応に関するガイドラインについても改定する。

さらに、国家戦略特区により、テレワーク導入企業に対するワンストップの相談支援を実施する。育児中の者、障害者を対象にしたモデル事業等を実施するとともに、よりテレワークを活用しやすくなるよう、労働時間管理及び健康管理の在り方を含めた推進方策について広く検討する。加えて、国民運動としてテレワークを推進する方策を関係府省が連携して検討し、実施する。

【資料 56】「情報通信技術を利用した事業場外勤務の適切な導入及び実施のためのガイドライン」(平成 30 年 2 月 22 日基発 0222 第 1 号、雇均発 0222 第 1 号)

1 趣旨

労働者が情報通信技術を利用して行う事業場外勤務(以下「テレワーク」という。)は、業務を行う場所に応じて、労働者の自宅で業務を行う在宅勤務、労働者の属するメインのオフィス以外に設けられたオフィスを利用するサテライトオフィス勤務、ノートパソコンや携帯電話等を活用して臨機応変に選択した場所で業務を行うモバイル勤務といった分類がされる。

いずれも、労働者が所属する事業場での勤務に比べて、働く時間や場所を柔軟に活用することが可能であり、通勤時間の短縮及びこれに伴う精神的・身体的負担の軽減、仕事に集中できる環境での就労による業務効率化及びこれに伴う時間外労働の削減、育児や介護と仕事の両立の一助となる等、労働者にとって仕事と生活の調和を図ることが可能となるといったメリットを有する。

また、使用者にとっても、業務効率化による生産性の向上、育児・介護等を理由とした労働者の離職の防止や、遠隔地の優秀な人材の確保、オフィスコストの削減等のメリットを有している。

上記のテレワークの形態ごとの特徴を例示すると以下のような点が挙げられる。

①在宅勤務

　通勤を要しないことから、事業場での勤務の場合に通勤に要する時間を有効に活用できる。また、例えば育児休業明けの労働者が短時間勤務等と組み合わせて勤務することが可能となること、保育所の近くで働くことが可能となること等から、仕事と家庭生活との両立に資する働き方である。

②サテライトオフィス勤務

　自宅の近くや通勤途中の場所等に設けられたサテライトオフィスでの勤務は、通勤時間を短縮しつつ、在宅勤務やモバイル勤務以上に作業環境の整った場所で就労可能な働き方である。

③モバイル勤務

　労働者が自由に働く場所を選択できる、外勤における移動時間を利用できる等、働く場所を柔軟に運用することで、業務の効率化を図ることが可能な働き方である。

(2) 労働基準法の適用に関する留意点

イ　労働時間制度の適用と留意点

　使用者は、原則として労働時間を適正に把握する等労働時間を適切に管理する責務を有していることから、下記に掲げる各労働時間制度の留意点を踏まえた上で、労働時間の適正な管理を行う必要がある。

(ア) 通常の労働時間制度における留意点

　(i) 労働時間の適正な把握

　　通常の労働時間制度に基づきテレワークを行う場合についても、使用者は、その労働者の労働時間について適正に把握する責務を有し、みなし労働時間制が適用される労働者や労働基準法第41条に規定する労働者を除き、「労働時間の適正な把握のために使用者が講ずべき措置に関するガイドライン」（平成29年1月20日策定）に基づき、適切に労働時間管理を行わなければならない。

　　同ガイドラインにおいては、労働時間を記録する原則的な方法として、パソコンの使用時間の記録等の客観的な記録によること等が挙げられている。また、やむを得ず自己申告制によって労働時間の把握を行う場合においても、同ガイドラインを踏まえた措置を講ずる必要がある。

　(ii) テレワークに際して生じやすい事象

　　テレワークについては、以下のような特有の事象に留意する必要がある。

①いわゆる中抜け時間について

在宅勤務等のテレワークに際しては、一定程度労働者が業務から離れる時間が生じやすいと考えられる。

そのような時間について、使用者が業務の指示をしないこととし、労働者が労働から離れ、自由に利用することが保障されている場合には、その開始と終了の時間を報告させる等により、休憩時間として扱い、労働者のニーズに応じ、始業時刻を繰り上げる、又は終業時刻を繰り下げることや、その時間を休憩時間ではなく時間単位の年次有給休暇として取り扱うことが考えられる。なお、始業や終業の時刻の変更が行われることがある場合には、その旨を就業規則に記載しておかなければならない。また、時間単位の年次有給休暇を与える場合には、労使協定の締結が必要である。

②通勤時間や出張旅行中の移動時間中のテレワークについて

テレワークの性質上、通勤時間や出張旅行中の移動時間に情報通信機器を用いて業務を行うことが可能である。

これらの時間について、使用者の明示又は黙示の指揮命令下で行われるものについては労働時間に該当する。

③勤務時間の一部でテレワークを行う際の移動時間について

午前中だけ自宅やサテライトオフィスで勤務をしたのち、午後からオフィスに出勤する場合等、勤務時間の一部でテレワークを行う場合がある。

こうした場合の就業場所間の移動時間が労働時間に該当するのか否かについては、使用者の指揮命令下に置かれている時間であるか否かにより、個別具体的に判断されることになる。

使用者が移動することを労働者に命ずることなく、単に労働者自らの都合により就業場所間を移動し、その自由利用が保障されているような時間については、休憩時間として取り扱うことが考えられる。ただし、その場合であっても、使用者の指示を受けてモバイル勤務等に従事した場合には、その時間は労働時間に該当する。

一方で、使用者が労働者に対し業務に従事するために必要な就業場所間の移動を命じており、その間の自由利用が保障されていない場合の移動時間は、労働時間と考えられる。例えば、テレワーク中の労働者に対して、使用者が具体的な業務のために急きょ至急の出社を求めたような場合は、当該移動時間は労働時間に当たる。

なお、テレワークの制度の導入に当たっては、いわゆる中抜け時間や部分的

テレワークの移動時間の取扱いについて、上記の考え方に基づき、労働者と使用者との間でその取扱いについて合意を得ておくことが望ましい。

(ⅲ) フレックスタイム制

フレックスタイム制は、清算期間やその期間における総労働時間等を労使協定において定め、清算期間を平均し、1週当たりの労働時間が法定労働時間を超えない範囲内において、労働者が始業及び終業の時刻を決定し、生活と仕事との調和を図りながら効率的に働くことのできる制度であり、テレワークにおいても、本制度を活用することが可能である。

例えば、労働者の都合に合わせて、始業や終業の時刻を調整することや、オフィス勤務の日は労働時間を長く、一方で在宅勤務の日の労働時間を短くして家庭生活に充てる時間を増やす、といった運用が可能である。(ア)(ⅱ)①のような時間についても、労働者自らの判断により、その時間分その日の終業時刻を遅くしたり、清算期間の範囲内で他の労働日において労働時間を調整したりすることが可能である。

ただし、フレックスタイム制は、あくまで始業及び終業の時刻を労働者の決定に委ねる制度であるため、(ア)(ⅰ)に示すとおり、「労働時間の適正な把握のために使用者が講ずべき措置に関するガイドライン」に基づき、使用者は各労働者の労働時間の把握を適切に行わなければならない。

なお、フレックスタイム制の導入に当たっては、労働基準法第32条の3に基づき、就業規則その他これに準ずるものにより、始業及び終業の時刻をその労働者の決定に委ねる旨定めるとともに、労使協定において、対象労働者の範囲、清算期間、清算期間における総労働時間、標準となる1日の労働時間等を定めることが必要である。

(イ) 事業場外みなし労働時間制

テレワークにより、労働者が労働時間の全部又は一部について事業場外で業務に従事した場合において、使用者の具体的な指揮監督が及ばず、労働時間を算定することが困難なときは、労働基準法第38条の2で規定する事業場外労働のみなし労働時間制(以下「事業場外みなし労働時間制」という。)が適用される。

テレワークにおいて、使用者の具体的な指揮監督が及ばず、労働時間を算定することが困難であるというためには、以下の要件をいずれも満たす必要がある。

①情報通信機器が、使用者の指示により常時通信可能な状態におくこととされていないこと

　「情報通信機器が、使用者の指示により常時通信可能な状態におくこととされていないこと」とは、情報通信機器を通じた使用者の指示に即応する義務がない状態であることを指す。なお、この使用者の指示には黙示の指示を含む。

　また、「使用者の指示に即応する義務がない状態」とは、使用者が労働者に対して情報通信機器を用いて随時具体的指示を行うことが可能であり、かつ、使用者からの具体的な指示に備えて待機しつつ実作業を行っている状態又は手待ち状態で待機している状態にはないことを指す。例えば、回線が接続されているだけで、労働者が自由に情報通信機器から離れることや通信可能な状態を切断することが認められている場合、会社支給の携帯電話等を所持していても、労働者の即応の義務が課されていないことが明らかである場合等は「使用者の指示に即応する義務がない」場合に当たる。

　したがって、サテライトオフィス勤務等で、常時回線が接続されており、その間労働者が自由に情報通信機器から離れたり通信可能な状態を切断したりすることが認められず、また使用者の指示に対し労働者が即応する義務が課されている場合には、「情報通信機器が、使用者の指示により常時通信可能な状態におくこと」とされていると考えられる。

　なお、この場合の「情報通信機器」とは、使用者が支給したものか、労働者個人が所有するものか等を問わず、労働者が使用者と通信するために使用するパソコンやスマートフォン・携帯電話端末等を指す。

②随時使用者の具体的な指示に基づいて業務を行っていないこと

　「具体的な指示」には、例えば、当該業務の目的、目標、期限等の基本的事項を指示することや、これら基本的事項について所要の変更の指示をすることは含まれない。

　事業場外みなし労働時間制を適用する場合、テレワークを行う労働者は、就業規則等で定められた所定労働時間を労働したものとみなされる（労働基準法第38条の2第1項本文）。

　ただし、業務を遂行するために通常所定労働時間を超えて労働することが必要となる場合には、当該業務に関しては、当該業務の遂行に通常必要とされる時間を労働したものとみなされる（労働基準法第38条の2第1項ただし書）。この「当該業務の遂行に通常必要とされる時間」は、業務の実態を最もよく分かっている労使間で、その実態を踏まえて協議した上で決めることが適当であるため、労使協定によりこれを定めることが望ましい。　当該労使協定は労働基準監督署長へ届け出なければならない（労働基準法第38条の2第2項及び

第3項)。また、この場合、労働時間の一部について事業場内で業務に従事した場合には、当該事業場内の労働時間と「当該業務の遂行に通常必要とされる時間」とを加えた時間が労働時間となること、このため事業場内の労働時間については、(ア)(i)に示したとおり、「労働時間の適正な把握のために使用者が講ずべき措置に関するガイドライン」に基づき適切に把握しなければならないことに留意が必要である。

　事業場外みなし労働時間制が適用される場合、所定労働時間又は業務の遂行に通常必要とされる時間労働したものとみなすこととなるが、労働者の健康確保の観点から、勤務状況を把握し、適正な労働時間管理を行う責務を有する。

　その上で、必要に応じ、実態に合ったみなし時間となっているか労使で確認し、結果に応じて、業務量を見直したり、労働時間の実態に合わせて労使協定を締結又は見直したりすること等が適当である。

　なお、テレワークを行わず労働者が労働時間の全部を事業場内で業務に従事する日や、テレワークを行うが使用者の具体的な指揮監督が及び労働時間を算定することが困難でないときについては、事業場外みなし労働時間制の適用はない。

（ウ）裁量労働制の対象となる労働者のテレワークについて

　専門業務型裁量労働制や企画業務型裁量労働制は、労使協定や労使委員会の決議により法定の事項を定めて労働基準監督署長に届け出た場合において、対象労働者を、業務の性質上その適切な遂行のためには遂行の方法を大幅に労働者の裁量に委ねる必要があるため、当該業務の遂行の手段及び時間配分の決定等に関し使用者が具体的な指示をしないこととする業務に就かせた場合には、決議や協定で定めた時間労働したものとみなされる制度である。裁量労働制の要件を満たし、制度の対象となる労働者についても、テレワークを行うことが可能である。

　この場合、労使協定で定めた時間又は労使委員会で決議した時間を労働時間とみなすこととなるが、労働者の健康確保の観点から、決議や協定において定めるところにより、勤務状況を把握し、適正な労働時間管理を行う責務を有する。

　その上で、必要に応じ、労使協定で定める時間が当該業務の遂行に必要とされる時間となっているか、あるいは、業務量が過大もしくは期限の設定が不適切で労働者から時間配分の決定に関する裁量が事実上失われていないか労使で確認し、結果に応じて、業務量等を見直すことが適当である。

ウ　休憩時間の取扱いについて

　労働基準法第34条第2項では、原則として休憩時間を労働者に一斉に付与することを規定しているが、テレワークを行う労働者について、労使協定により、一斉付与の原則を適用除外とすることが可能である。

　なお、一斉付与の原則の適用を受けるのは、労働基準法第34条に定める休憩時間についてであり、労使の合意により、これ以外の休憩時間を任意に設定することも可能である。

　また、テレワークを行う労働者について、本来休憩時間とされていた時間に使用者が出社を求める等具体的な業務のために就業場所間の移動を命じた場合、当該移動は労働時間と考えられるため、別途休憩時間を確保する必要があることに留意する必要がある。

　エ　時間外・休日労働の労働時間管理について

　テレワークについて、実労働時間やみなされた労働時間が法定労働時間を超える場合や、法定休日に労働を行わせる場合には、時間外・休日労働に係る三六協定の締結、届出及び割増賃金の支払が必要となり、また、現実に深夜に労働した場合には、深夜労働に係る割増賃金の支払が必要となる（労働基準法第36条及び第37条）。

　このようなことから、テレワークを行う労働者は、業務に従事した時間を日報等において記録し、使用者はそれをもって当該労働者に係る労働時間の状況の適切な把握に努め、必要に応じて労働時間や業務内容等について見直すことが望ましい。

　なお、労働者が時間外、深夜又は休日（以下エにおいて「時間外等」という。）に業務を行った場合であっても、少なくとも、就業規則等により時間外等に業務を行う場合には事前に申告し使用者の許可を得なければならず、かつ、時間外等に業務を行った実績について事後に使用者に報告しなければならないとされている事業場において、時間外等の労働について労働者からの事前申告がなかった場合又は事前に申告されたが許可を与えなかった場合であって、かつ、労働者から事後報告がなかった場合について、次の全てに該当する場合には、当該労働者の時間外等の労働は、使用者のいかなる関与もなしに行われたものであると評価できるため、労働基準法上の労働時間に該当しないものである。

①時間外等に労働することについて、使用者から強制されたり、義務付けられたりした事実がないこと。

②当該労働者の当日の業務量が過大である場合や期限の設定が不適切である場合等、時間外等に労働せざるを得ないような使用者からの黙示の指揮命令が

あったと解し得る事情がないこと。

③時間外等に当該労働者からメールが送信されていたり、時間外等に労働しなければ生み出し得ないような成果物が提出されたりしている等、時間外等に労働を行ったことが客観的に推測できるような事実がなく、使用者が時間外等の労働を知り得なかったこと。

ただし、上記の事業場における事前許可制及び事後報告制については、以下の点をいずれも満たしていなければならない。

①労働者からの事前の申告に上限時間が設けられていたり、労働者が実績どおりに申告しないよう使用者から働きかけや圧力があったりする等、当該事業場における事前許可制が実態を反映していないと解し得る事情がないこと。

②時間外等に業務を行った実績について、当該労働者からの事後の報告に上限時間が設けられていたり、労働者が実績どおりに報告しないように使用者から働きかけや圧力があったりする等、当該事業場における事後報告制が実態を反映していないと解し得る事情がないこと。

(3) 長時間労働対策について

テレワークについては、業務の効率化に伴い、時間外労働の削減につながるというメリットが期待される一方で、労働者が使用者と離れた場所で勤務をするため相対的に使用者の管理の程度が弱くなるおそれがあること等から、長時間労働を招くおそれがあることも指摘されている。

テレワークにおける労働時間管理の必要性については、(2) イで示したとおりであるが、使用者は、単に労働時間を管理するだけでなく、長時間労働による健康障害防止を図ることが求められている。

テレワークにおける長時間労働等を防ぐ手法としては、以下のような手法が考えられる。

①メール送付の抑制

テレワークにおいて長時間労働が生じる要因として、時間外、休日又は深夜に業務に係る指示や報告がメール送付されることが挙げられる。

そのため、役職者等から時間外、休日又は深夜におけるメールを送付することの自粛を命ずること等が有効である。

②システムへのアクセス制限

テレワークを行う際に、企業等の社内システムに外部のパソコン等からアクセスする形態をとる場合が多いが、深夜・休日はアクセスできないよう設定することで長時間労働を防ぐことが有効である。

③テレワークを行う際の時間外・休日・深夜労働の原則禁止等

　業務の効率化やワークライフバランスの実現の観点からテレワークの制度を導入する場合、その趣旨を踏まえ、時間外・休日・深夜労働を原則禁止とすることも有効である。この場合、テレワークを行う労働者に、テレワークの趣旨を十分理解させるとともに、テレワークを行う労働者に対する時間外・休日・深夜労働の原則禁止や使用者等による許可制とすること等を、就業規則等に明記しておくことや、時間外・休日労働に関する三六協定の締結の仕方を工夫することが有効である。

④長時間労働等を行う労働者への注意喚起

　テレワークにより長時間労働が生じるおそれのある労働者や、休日・深夜労働が生じた労働者に対して、注意喚起を行うことが有効である。

　具体的には、管理者が労働時間の記録を踏まえて行う方法や、労務管理のシステムを活用して対象者に自動で警告を表示するような方法がある。

【資料 57】働き方改革を推進するための関係法律の整備に関する法律（平成 30 年 7 月 6 日法律第 71 号）

労働安全衛生法

第六十六条の八の三　事業者は、第六十六条の八第一項又は前条第一項の規定による面接指導を実施するため、厚生労働省令で定める方法により、労働者（次条第一項に規定する者を除く。）の労働時間の状況を把握しなければならない。

労働安全衛生規則

第五十二条の七の三　法第六十六条の八の三の厚生労働省令で定める方法は、タイムカードによる記録、パーソナルコンピュータ等の電子計算機の使用時間の記録等の客観的な方法その他の適切な方法とする。

2　事業者は、前項に規定する方法により把握した労働時間の状況の記録を作成し、三年間保存するための必要な措置を講じなければならない。

【資料 58】労働者災害補償保険法施行規則の一部改正（令和 2 年 3 月 31 日厚生労働省令第 70 号）

（働き方改革推進支援助成金）

第三十九条　働き方改革推進支援助成金は、次に掲げる中小企業事業主（その資

本金の額又は出資の総額が三億円（小売業又はサービス業を主たる事業とする事業主については五千万円、卸売業を主たる事業とする事業主については一億円）を超えない事業主及びその常時雇用する労働者の数が三百人（小売業を主たる事業とする事業主については五十人、卸売業又はサービス業を主たる事業とする事業主については百人）を超えない事業主をいう。以下この条及び次条において同じ。）又は中小企業事業主の団体若しくはその連合団体（以下この条において「事業主団体等」という。）に対して、支給するものとする。

一　次のいずれにも該当する中小企業事業主

イ　次のいずれにも該当する中小企業事業主であると都道府県労働局長（(2)に規定する計画に (2)(ii)（ハ）に掲げる措置が記載されている場合には、厚生労働大臣。(2) において同じ。）が認定したもの

(1)　時間外労働の制限その他の労働時間等の設定の改善に積極的に取り組むこととしていること。

(2)　労働時間等の設定の改善に係る (i) に掲げる実施体制の整備等のための措置及び (ii) に掲げる労働時間等の設定の改善のための措置を記載した計画を作成し、当該計画を都道府県労働局長に届け出ているものであること。

(i)　労働時間等の設定の改善に関する特別措置法（平成四年法律第九十号）第七条に規定する労働時間等設定改善委員会の設置等労働時間等の設定の改善を効果的に実施するために必要な体制の整備、その中小企業事業主の雇用する労働者からの労働時間等に関する個々の苦情、意見及び要望を受け付けるための担当者の選任並びにその中小企業事業主の雇用する労働者への当該計画の周知

(ii)　労働基準法第三十九条の規定による年次有給休暇の取得の促進のための措置、労働時間の短縮のための措置又は労働時間等の設定の改善のための次に掲げるいずれかの措置

（イ）　労働時間等の設定の改善に関する特別措置法第二条第一項の健康及び福祉を確保するために必要な終業から始業までの時間の設定

（ロ）　子の養育又は家族の介護を行う労働者その他の特に配慮を必要とする労働者に対する休暇の付与その他の必要な措置

（ハ）　情報通信技術を活用した勤務（一週間について一日以上在宅又はその中小企業事業主が指定した事務所であつて、労働者が所属する事業場と異なる事務所で勤務を行うものに限る。）を可能とする措置

ロ　イ (2) に規定する計画に基づく措置を効果的に実施したと認められる中小
企業事業主

ハ　イ及びロに規定する措置の実施の状況を明らかにする書類を整備している
中小企業事業主

二　次のいずれにも該当する事業主団体等であると都道府県労働局長が認定した
もの

イ　当該事業主団体等の構成員である中小企業事業主 (以下この号において
「構成事業主」という。) の雇用する労働者の労働時間等の設定の改善その
他の生産性の向上が図られるよう、構成事業主に対する相談、指導その他の
援助の措置を記載した計画を作成し、当該計画を都道府県労働局長に届け出
ているもの

ロ　イに規定する計画に基づく措置を実施したと認められる事業主団体等

ハ　イ及びロに規定する措置の実施の状況を明らかにする書類を整備している
事業主団体等

【資料 59】規制改革推進に関する第 5 次答申〜平成から令和へ〜多様化が切り拓く未来〜（令和元年 6 月 6 日）

イ　テレワークの促進
【a: 令和元年度着手、令和 2 年度措置、b: 令和 2 年度措置】
< 基本的考え方 >

在宅・サテライトオフィス・移動時間等を活用して働くテレワークは、大都
市での通勤混雑を避けるとともに、労働者が自らの専門的な分野の業務により
集中して働けるという利点が大きい。また、育児や介護等との両立の難しさ、
家族の転勤等に伴う社員の不本意な離職を防ぐとともに、障害者や雇用機会の
少ない地域の雇用拡大にもつながるなど、様々な利点がある。

政府も令和 2 年までに雇用型テレワーカーを平成 28 年度（7.7%）比の倍増
という数値目標を掲げているが、その目標実現には程遠い状況である。この要
因として、以下が挙げられる。

まず、介護や育児等の事情から深夜時間帯も含めて働く時間を柔軟に選択し
たいという労働者の声が上がっているものの、そうしたニーズを明確に把握で
きる調査はされておらず、雇用型テレワーカーを増やすための適切な方策がと
られているとは言えない。また、「情報通信技術を利用した事業場外勤務の適

切な導入及び実施のためのガイドライン」（平成30年2月22日厚生労働省。以下、本項において「ガイドライン」という。）において、テレワークを行う際の長時間労働対策として「時間外・休日・深夜労働の原則禁止や使用者等による許可制とすること等」が有効とされているが、テレワークのみ殊更に深夜労働等の原則禁止を示すガイドラインの記載は、通常の事業場での働き方に比べて制約が大きいという認識を与えかねない。

　以上の基本的考え方に基づき、労働者が介護や育児等、個々の事情に応じて働く時間帯を柔軟に選択できるよう、テレワークについて以下の措置を講ずるべきである。

＜実施事項＞

a　時間外・休日・深夜労働について、テレワーク労働者のニーズ調査を実施する。

b　aも踏まえつつ、ガイドラインで長時間労働対策として示されている手法において、所定労働時間内の労働を深夜に行うことまで原則禁止と誤解を与えかねない表現を見直す。

濱口　桂一郎（はまぐち・けいいちろう）

労働政策研究・研修機構 研究所長
1983年労働省入省。労政行政、労働基準行政、職業安定行政等
に携わる。欧州連合日本政府代表部一等書記官、衆議院次席調査
員、東京大学客員教授、政策研究大学院大学教授等を経て、
2008年8月労働政策研究・研修機構 労使関係・労使コミュニケー
ション部門 統括研究員、2017年4月から現職。著書に『新しい
労働社会』（岩波新書, 2009年）、『日本の雇用と労働法』（日経
文庫, 2011年）、『若者と労働』（中公新書ラクレ, 2013年）、『日
本の雇用と中高年』（ちくま新書, 2014年）、『日本の労働法政策』
（労働政策研究・研修機構, 2018年）などがある。

新型コロナウイルスと
労働政策の未来

2020年12月　第1刷発行

著者	濱口　桂一郎
編集・発行	独立行政法人 労働政策研究・研修機構
	〒177-8502 東京都練馬区上石神井4-8-23
（編集）	研究調整部 広報企画課 TEL 03-5903-6251
（販売）	研究調整部 成果普及課 TEL 03-5903-6263
印刷・製本	株式会社ディグ

ISBN978-4-538-53001-7

Printed in Japan